W0235571

Bestell-Nr.: RKW 17
© 2011 by Kawohl Verlag, 46485 Wesel
Verlag für Jugend und Gemeinde
Alle Rechte vorbehalten
Titelfoto: Pitopia/Ariane
Gestaltung und Zusammenstellung: RKW
Druck und Verarbeitung: CPI books, Ulm
ISBN 978-3-88087-017-8   www.kawohl.de

Reinhold Ruthe

Die lange Bank

Endlich Schluss
mit Aufschieben

kawohl

Aus Angst vor Schmerzen
versuchen wir fast alle
mehr oder weniger,
Problemen aus dem Wege zu gehen.

M. Scott Peck
(in: Der wunderbare Weg)

Inhaltsverzeichnis

Vorwort

Ein Weiser hat es auf den Punkt gebracht: „Ein Lieblingsmöbelstück des Teufels ist die lange Bank."

Unzählige Kinder, Jugendliche und Erwachsene sind Meister im Aufschieben. Die Aufschieberitits, wie sie auch genannt wird, ist eine psychische Störung mit vielen Gesichtern, die ganz unterschiedlich begründet ist.

Wer in Seelsorge, Beratung oder Therapie helfen will,

- muss den unterschiedlichen Motiven nach-
  gehen,
- muss die unterschiedlichen Rechtfertigungen
  verstehen,
- muss die Lebensvorstellungen der
  Persönlichkeit aufdecken,

um den Sinn solcher Verhaltensmuster zu be-greifen.

Für den Menschen, der aufschiebt und Dinge vor sich her schiebt, ist sein Verhalten in der Regel logisch. Er glaubt an seine Einstellung, findet handfeste Begründungen und fühlt sich häufig dabei wohl. Es gibt auch andere, die selbst unter dem Aufschieben leiden und mit sich un-zufrieden sind.

Aufschieben kann man kleine und große Dinge, aufschieben kann man Entscheidungen, die lebenswichtig und Entscheidungen, die unwichtig sind. Aufschieben kann man das Essen, notwendige Arbeiten, wichtige Begegnungen, Arztbesuche und lebensnotwendige Herausforderungen. Gründe, unangenehmen Situationen aus dem Wege zu gehen, gibt es reihenweise.

Das Aufschieben ist eine psychische Störung. Dafür gibt es sogar einen psychologischen Fachbegriff, die *Prokrastination*. Er setzt sich zusammen aus dem Lateinischen *pro* = für und *cras* = morgen. Verständlich übersetzt: Für morgen vorgesehen, auf morgen verschoben.

Die Aufschieberitis ist auch ein geistliches Problem:

Wir können über den Glauben *diskutieren,*
wir können über die Bibel *reflektieren,*
wir können über Gottes Wort *philosophieren.*

Das Ergebnis: Wir weichen aus, wir legen uns nicht fest, wir schieben eine Entscheidung vor uns her. Wir finden tausend Entschuldigungen, warum wir jetzt, heute und im Augenblick blockiert, überfordert und gehindert sind.

Wer aufschiebt, aus welchen Gründen und Motiven auch immer, bleibt unter seinen Möglichkeiten, verringert sein Selbstvertrauen und läuft den Herausforderungen des Lebens davon.

Drei Phasen sind notwendig, um das Problem zu vermeiden beziehungsweise zu verringern:

Phase 1:

Wie lauten die Motive?

Wozu schiebe ich auf?

Was will ich mit dem Aufschieben bezwecken?

Vor mir selbst oder mit Hilfe eines Beraters oder Seelsorgers mache ich mir klar, was mich bewusst oder unbewusst bewegt.

Phase 2:

Was hilft mir, das Aufschieben zu vermeiden?

Will ich zuviel erreichen?

Bin ich ein Perfektionist?

Bin ich eine Alles-oder-Nichts-Persönlichkeit?

Muss ich lernen, besser einzuteilen?

Verschaffe ich mir kleine Belohnungen, wenn ich handle?

Lerne ich es, nicht unter Druck zu handeln?

Phase 3:

Neue Strategien werden ausprobiert.

Neue Strategien werden regelmäßig angewendet.

Ich lege mir Rechenschaft ab, wie alles läuft.

Habe ich vielleicht falsche Strategien gewählt?

Wenn ich Christ bin und kenne die Motive (Phase 1), kann ich konkret beten und die neuen Strategien mit Gottes Hilfe durchsetzen.

Ich wünsche allen Lesern, die sich beim Aufschieben ertappen oder um ihre Schwäche wissen, Anregungen zu finden, mit dem Lieblingsmöbelstück des Teufels besser fertig zu werden.

Teil 1

Warum schieben wir auf?

Teil 1

Warum schieben wir auf?

Erkenntnis 1
Was sind die offenen und versteckten Motive für das Aufschieben?

Das Problem, etwas vor sich herzuschieben, ist in Beratung, Seelsorge und Therapie mehr als bekannt. Auch im Alltag klagen Erwachsene:

„Die schreckliche Steuererklärung liegt mir auf der Seele."

„Ich muss meinen Lebenslauf schreiben!"

„Unbedingt ist demnächst eine Darmspiegelung fällig! Ich schiebe sie schon seit langem auf!"

Kinder klagen:

„Die Mathematikaufgaben hängen mir zum Hals heraus!"

„Ich habe keine Lust, an den Aufsatz zu gehen!"

„Immer nur Vokabeln lernen. Zum Spielen bleibt keine Zeit."

Motiv Leichtfertigkeit

„Ich bin ein Meister im Aufschieben!" Das war die leicht hingeworfene Feststellung eines verheirateten Mannes, der noch stolz auf seine

Lebenseinstellung zu sein schien, als er mit seiner Frau in der Beratung erschien. Er nahm alles leicht und locker, setzte sich ungeniert über viele Dinge hinweg, und schien dabei glücklich zu sein.

Nur die Partnerin dachte anders darüber. Sie litt und hatte den Beratungstermin vereinbart. In den Augen der Frau sah alles anders aus. Sie sagte sinngemäß:

„Mein Mann schiebt alles auf und beiseite. Vieles stört ihn gar nicht. Aber es bleibt an mir hängen. Unbezahlte Rechnungen, Strafzettel für zu schnelles Fahren, nicht eingehaltene TÜV-Termine, alles legt er schweigend auf meinen Tisch. Und ich bin so dumm und regele alles."

Er sitzt artig neben ihr, lächelt verschmitzt und schweigt.

„Sehen Sie, er schiebt alles auf die lange Bank oder vor sich her, und mich holt es ein. Ich wache morgens oft schon mit Angst davor auf, was heute wieder auf mich zukommt. Das halte ich nicht mehr aus."

Ich werfe ein: „Vermutlich kann er sich das leisten, weil er eine Frau gefunden hat, die für seine Versäumnisse gerade steht."

Die Frau sagt bitter:

„Leider ist es so. Meine beste Freundin sagt oft zu mir: Du bist wie seine Mutter. Das war eine

Supermutti. Die dachte für die Kinder, lebte für sie und klärte alle Probleme, wenn sie was vergessen oder angestellt hatten. Die Kinder konnten sich Dummheiten erlauben, Mutter nahm das in die Hand."

Der Mann sitzt neben ihr und nickt bewundernd.

„Ja", sage ich, „wer das in Kindheit und Jugend erfahren hat, kann sich erlauben, alle Schwierigkeiten aufzuschieben. Ein anderer wird sich schon darum kümmern, oder?"

„Und das ist mein Schicksal!", sagt die Frau.

Ein Beispiel für Aufschieberitis. Auch die Hintergründe werden in wenigen Sätzen deutlich. Eine liebevolle, verwöhnende Supermutti nimmt ihrem Sohn die Verantwortung ab. Er kann sich das Aufschieben erlauben. Die Ehefrau setzt das Verhaltensmuster fort.

Andere bewusste und unbewusste Motive

Wie stellen sich weitere Symptome dar? Und was sind die bewussten und unbewussten Motive?

Bei Kindern und Jugendlichen haben Eltern, Lehrer und Erzieher Probleme mit dem Trödeln, mit dem Aufschieben, mit dem Auf-die-lange-Bank-Schieben. Vielen Erwachsenen geht es nicht anders.

Simple Ratschläge wie

"Nun reiß dich mal am Riemen!",

"Stell dich nicht so an!",

"Wir haben früher viel mehr ran gemusst als ihr!"
sind hilflose Kritik, die keine Veränderung bewirken. Bestenfalls werden Lustlosigkeit und Abwehr verstärkt.

Wer helfen will, muss die Motive kennen. Die Motive geben Hinweise für konkrete Veränderungsmethoden.

Was drücken Kinder, Jugendliche und Erwachsene mit ihren Symptomen aus? Was steckt dahinter? Was sind die Ursachen?

Menschen, die aufschieben, sind Persönlichkeiten,
  - die im Leben nicht gelernt haben, eigenverantwortlich alle Probleme sofort in Angriff zu nehmen;
  - die verwöhnt sind und allen Anstrengungen aus dem Wege gehen;
  - die vor allen Schwierigkeiten und Herausforderungen weglaufen und zurückweichen;
  - die sich überfordern, unter Druck geraten und dem Druck durch Aufschieben entgehen;
  - die Aufgaben wegschieben, die sie für langweilig oder überfordernd halten;
  - die mit Versagensängsten zu kämpfen haben;

- die mit Lustlosigkeit, Antriebslosigkeit und mit Depressionen belastet sind;
- die alles perfekt und vollkommen erledigen wollen und gar nicht beginnen, weil das Vollkommene unerreichbar ist;
- die Alles-oder-Nichts-Typen verkörpern und erst gar nicht beginnen, wenn sie nicht die Besten sind.

Wenn ich die letzten Aussage noch einmal konkretisiere, heißt das ja: Wer Fehler vermeiden will, darf gar nichts mehr anfassen, weil bei allem Tun und Lassen Irrtümer und Fehler möglich sind. Ein solcher Mensch wird immer unbeweglicher und arbeitsunfähiger. Er blockiert sich selbst.

Mit Sicherheit gibt es darüber hinaus noch mehr Motive, sich zu drücken, aufzuschieben und vor Schwierigkeiten wegzulaufen.

Erkenntnis 2
Ich entdecke meine versteckten Motive

Hinweise für den Selbsterforschungsfragebogen „Warum schiebe ich Aufgaben vor mir her?"
Ein Selbsterforschungsfragebogen kann helfen, den Motiven auf die Spur zu kommen.

1. Füllen Sie ohne langes Nachdenken den Fragebogen aus.
2. Für Beratung, Seelsorge und Therapie ist es wichtig, die Motive zu erkennen, die Sie veranlassen, aufzuschieben.
3. Wenn das Aufschieben die Arbeitsfähigkeit, die Zufriedenheit und die Partnerschaft belasten, sollte ein Berater, Seelsorger oder Therapeut eingeschaltet werden.
4. Es kann auch hilfreich sein, dass Eltern, Erzieher oder Partner den Bogen für den Betroffenen ausfüllen.
5. Werden die Fragen 4, 6 und 20 eindeutig bejaht, kann es hilfreich sein, auch einen Psychiater zu konsultieren, weil psychische Störungen im Hintergrund stehen können.
6. Gelingt es Ihnen nicht, die Probleme selbst hilfreich zu lösen, suchen Sie einen Berater, Seelsorger oder Therapeuten auf, der Ihnen bei der Bewältigung zur Seite steht.

Warum schiebe ich Aufgaben vor mir her?

Ich schiebe gern Dinge vor mir her, ...

		Stimmt	Stimmt nicht
1	weil mir die Arbeit zu schwer erscheint	☐	☐
2	weil ich nur etwas Vollkommenes abliefern will	☐	☐
3	weil ich ungern halbe Sachen mache	☐	☐
4	weil ich mich lustlos und antriebslos empfinde	☐	☐
5	weil ich mich ständig unter Druck fühle (Eltern, Lehrer, Partner etc.)	☐	☐
6	weil ich ein Alles-oder-Nichts-Typ bin, entweder ist alles sehr gut, oder ich passe	☐	☐
7	weil ich gelernt habe, dass andere Menschen mir die Entscheidungen abnehmen	☐	☐
8	weil ich Fehler vermeiden will	☐	☐
9	weil ich im letzten Augenblick immer wieder alles erledigt bekomme	☐	☐
10	weil ich verwöhnt bin und andere finde, die meine Arbeit erledigen	☐	☐
11	weil ich konfliktscheu bin und Problemen ausweiche	☐	☐

	Stimmt	Stimmt nicht

12 weil ich Schwierigkeiten
vermeiden will .... □ □

13 weil ich mich unterlegen fühle.............. □ □

14 weil ich mir das Leben leicht mache ... □ □

15 weil ich nicht fremdbestimmt
werden will.. □ □

16 weil ich mich mit anderen vergleiche.. □ □

17 weil ich genießen will .... □ □

18 aus Angst, nicht zu genügen................. □ □

19 weil ich in Ruhe gelassen werden will □ □

20 weil ich große Angst habe.................... □ □

Erkenntnis 3
Der Lebensstil des Aufschiebenden

Wenn wir einen Menschen ganzheitlich verstehen wollen, gleichgültig ob es sich um einen gesunden oder einen kranken Menschen handelt, dann versucht der Berater, den Lebensstil dieser Person zu erfassen.

Der Mensch ist eine *Einheit,*
der Mensch ist ein geschlossenes *System,*
der Mensch ist ein *Ganzes* aus Leib,
Seele und Geist.

Drei Dimensionen sind nahtlos miteinander verbunden. Und dieser Mensch bewegt sich nach bestimmten Gesetzmäßigkeiten durchs Leben.

Der Lebensstil – Schlüssel zur Persönlichkeit

Jeder von uns hat einen bestimmten *Lebensstil,*
jeder von uns hat seine Art zu *denken,*
zu fühlen und zu handeln,
jeder von uns hat bestimmte
Lebensgrundüberzeugungen,
jeder hat seine Art, wie er mit *Aufschieben,*
Beiseiteschieben und Abschieben umgeht.
Ihn charakterisiert eine gewisse Leitmelodie,
ihn bestimmt eine gewisse Ausdruckskraft,
ihn bestimmt ein gewisses Weltverständnis,

ihn bestimmt eine unterschwellige Lebenseinstellung.

Diesen Schlüssel, mit dem wir die Hauptaspekte eines Menschen aufschließen können, nennen wir den *Lebensstil*.

Mit dem Lebensstil
verstehe ich seine *Hauptprobleme,*
verstehe ich seine *Verhaltensmuster,*
verstehe ich seine *Schwächen,*
verstehe ich seine *Störungen und Krankheiten.*

Mit dem Lebensstil erfasse ich auch seine Glaubensüberzeugungen, die er verinnerlicht hat. Ich verstehe seine Eheprobleme, seine Lebenskonflikte, seine Arbeitsstörungen, seine Beziehungsstörungen.

Der Lebensstil umfasst fünf Aspekte

Diese fünf Aspekte lauten:

1. Wie sehe ich mich selbst?

Es geht um meinen Selbstwert,
es geht um meine Leistung,
es geht um meine Gesundheit,
es geht um meine Bedeutung,
es geht um meine Schlussfolgerungen,
die ich im Leben gezogen habe,
es geht um meine Wünsche an mich.

2. Wie sehe ich die anderen, und wie sehen die anderen mich?

Wie beurteile ich andere Menschen?
Welche Vorurteile habe ich gegenüber Älteren, Jüngeren, Gleichaltrigen?
Vergleiche ich mich mit anderen?
Weiche ich Menschen aus?
Wie sehen andere Menschen mich?

3. Wie sehe ich die Welt?

Ist sie dunkel und gefährlich?
Ist sie bedrohlich oder wunderbar?
Ist die Welt Fluch oder Segen für mich?
Lohnt sich das Leben?
Spielt mir das Leben einen Streich?
Weiche ich dem Leben aus? Warum?
Ist das Leben Pflichterfüllung
oder Geschenk Gottes an mich?
Ziehe ich mich aus der Welt zurück?
Habe ich Vertrauen zu dieser Welt?

4. Welche Ziele verfolge ich im Leben?

Es geht nicht um bewusste Ziele, um das, was der Mensch sich vorgenommen hat: Abitur machen, heiraten, ein Haus bauen usw. Es geht um *unterschwellige Ziele*, um Leitmotive, die mich steuern:

Es geht um Ehrgeiz,

es geht um Arbeitssucht,
es geht um Entscheidungsschwäche,
es geht um Perfektionismus,
es geht um Drückebergerei,
es geht um Rückzug oder Angriff,
es geht um unbewusste Fernziele:
Ich will der Erste oder der Letzte im Leben sein,
ich will alles oder nichts,
ich stelle andere in Dienst,
ich lasse mich bedienen,
ich stelle mich hilflos,
dann müssen andere für mich arbeiten.

5. Mit welchen Mitteln und Methoden verfolge ich meine Ziele?

Ich benutze Jähzorn oder Charme,
ich benutze Nachgiebigkeit oder Erpressung,
ich benutze Hilflosigkeit oder Aggression,
ich benutze Angst und Kleinglaube,
ich benutze Entscheidungsunfähigkeit und
Anpassung,
ich benutze Schwäche und Unfähigkeit.

Ich kann alle Abwehrmechanismen benutzen:
    Regression (ich weiche in kindliche Verhaltens-
    muster aus),
    Projektion (ich schiebe die Schuld auf andere),

Vermeidung (ich stelle mich nicht und weiche aus),
Verdrängung (ich will bestimmte Sachverhalte nicht wahrhaben),
Rationalisierung (ich rede mich heraus) usw.

Immer wieder lautet die Frage:
Was will ich mit diesen Arrangements erreichen?
Was will ich mit diesen Einstellungen bezwecken?
Was kommt bei diesen Praktiken heraus?
Wie reagiert die Umgebung?

Merksatz: Schauen Sie auf das, was geschieht, wie die Umgebung auf die Verhaltensmuster des Betroffenen reagiert. Die Muster des Betroffenen rufen das Echo des anderen hervor.

Der Lebensstil entlarvt den Aufschieber

Wenn Sie die fünf Aspekte des Lebensstils noch einmal überfliegen, können Sie jeweils Aspekte finden, die typisch für Aufschieber sind.

Aspekt 1

Wie sehe ich mich selbst?
Wer starke Minderwertigkeitsgefühle hat, unter Entscheidungsschwäche leidet, wer ängstlich reagiert und unsicher ist, wird eher zum Aufschieben neigen.

Aspekt 2

Wie sehe ich die anderen, wie sehen die anderen mich?

Wer sich von anderen verwöhnen und über-beschützen ließ, wer sich von anderen geführt, gelenkt und entmündigt gefühlt hat, wird ungern Verantwortung übernehmen. Er wird aus Unsicherheit und Angst Dinge vor sich herschieben.

Aspekt 3

Wie sehe und erlebe ich die Welt?

Wer die Welt als lebensfeindlich, als dunkel und gefährlich erlebt, wird eher ausweichen. Wer sich aus der Welt zurückzieht, überlässt es gern den anderen, Aufgaben zu übernehmen. Er ist froh, wenn er in Ruhe gelassen wird.

Aspekt 4

Welche Ziele verfolge ich?

Wer das Vollkommene vorweisen muss, wer keine Fehler machen darf und wer unbedingt als Bester dastehen will, der schiebt gern auf, weil ihm alles als unerreichbar erscheint.

Wer ein Alles-oder-nichts-Mensch ist, strebt das Ideal an, oder er wirft alles hin und schiebt es vor sich her.

Aspekt 5

Mit welchen Mitteln und Methoden verfolge ich meine Ziele?

Wer sehr ängstlich, sehr empfindsam, sehr misstrauisch und kritikempfindlich reagiert, der praktiziert gern regressive Methoden.

Wer gern projiziert, indem er die Schuld auf andere schiebt, drückt sich vor Entscheidungen und Aufgaben und schiebt vieles vor sich her.

Wer ein guter Verdränger ist, sieht die Probleme gar nicht, deckt sie gekonnt zu und weicht aus.

Das sind Einstellungsmuster, wie sie dem Berater in der Seelsorge oder in der Therapie begegnen und verdeutlichen, dass zwei Parteien oder zwei Partner wunderbar zusammenspielen.

Zwei Parteien spielen immer perfekt zusammen

Wie ich in den Wald hinein rufe, so schallt es zurück. Der Mensch mit Aufschiebe-Problemen hat oft das Aufschieben gelernt:

Wenn einer ihm die Arbeit abnimmt, lernt er darauf zu vertrauen, dass auch später ein anderer sie ihm wieder abnimmt.

Wenn ein anderer die Entscheidungen für ihn trifft, lernt er, Entscheidungen zu verschieben. Er entwickelt Angst Entscheidungen zu treffen.

Wenn ein anderer ihn verwöhnt, lernt er, sich verwöhnen zu lassen. Er trainiert, die Verantwortung abzugeben. Er trainiert, sich zurückzunehmen. Er weiß, dass der andere einspringt. Das kann die Mutter sein, der Vater, die Großeltern oder der Partner. Oft wird der Lebenspartner unbewusst nach diesen Prinzipien gewählt. Der Aufschieber gerät in der Regel an jemanden, der gern hilft, der zupackt, der verwöhnt und bedient. Der Betroffene kann seine Aufgaben liegen lassen, kann sie übersehen, muss sie nicht ernst nehmen und beruhigt sich selbst. Das Verschieben, das Beiseitelegen und Übersehen gehört zum Lebensstil.

Erkenntnis 4
Was hat Aufschieben mit Perfektionismus zu tun? *Thurmann S. 28ff*

Der Perfektionismus hat viele Gesichter. Er ist eine schmerzliche Einstellung für Christen und Nichtchristen. Diese Menschen streben höchste Normen und Idealvorstellungen an. Aber diese Ziele sind unerreichbar. Perfektionisten sind enttäuscht, wenn ihre Partner oder Mitarbeiter nicht mit ihren Idealvorstellungen übereinstimmen.

Perfektionismus untergräbt die *Zufriedenheit,*
Perfektionismus zerstört die *Gesundheit,*
Perfektionismus ruiniert die *Partnerschaft,*
Perfektionismus belastet den *christlichen Glauben.*

Der amerikanische Therapeut Dr. Albert Ellis, der Begründer der Rational-Emotiven-Therapie, hat in einem seiner Bücher 11 „irrationale Ideen" veröffentlicht, die psychische Störungen verursachen und aufrechterhalten. Er geht davon aus, dass wir in unseren Familien und in unserer Gesellschaft von abergläubischen und unsinnigen Ideen indoktriniert werden. Solche Vorurteile und irrationale Vorstellungen gelten als Hauptursache für Neurosen, Verhaltensauffälligkeiten und psychosomatische Störungen.

Die Formulierung der irrationalen Idee Nummer 11 lautet: „Die Vorstellung, dass es für jedes menschliche Problem eine absolut richtige, perfekte Lösung gibt und dass es eine Katastrophe sei, wenn diese perfekte Lösung nicht gefunden wird." [1]

In der Welt der Unvollkommenheit und Unsicherheit glauben viele Menschen, nicht glücklich sein zu können. Sie suchen Sicherheit, absolute Beherrschung der Lage, die vollkommene Wahrheit und die totale Kontrolle.

Alle diese „irrationalen Überzeugungen" sind falsche Erwartungen, beinhalten übertriebene Hoffnungen und enden in großen Enttäuschungen.

Was tut der Mensch?

Er verzweifelt, weil er das Vollkommene nicht erreicht.

Er resigniert und macht gar nichts mehr.

Er flieht in den Schlaf oder in die Depression.

Er stürzt in die Mutlosigkeit

und schiebt alles vor sich her.

Das Vollkommenheitsstreben lähmt das Beginnen

Ich hatte ein Ehepaar in der Beratung. Der Mann ist ein Perfektionist. Alles wird sauber und akribisch genau gemacht. Aber sein

Vollkommenheitsstreben spielt ihm hin und wieder einen Streich.

Seine Frau bringt es auf den Punkt:

„Mein Mann ist äußerst gewissenhaft. Nur eins verstehe ich nicht: Sein Auto sieht grauenhaft aus. Ich wundere mich, dass er überhaupt darin fährt. Ich wundere mich, dass er es überhaupt in der Karre aushält, wo er doch so ein Pingel ist."

Ich schaue den Mann fragend an.

„Ich versteh es selber nicht. Ich fühle mich jeden Tag elend, wenn ich das versaute Stück betrete", antwortet er.

„Und warum ändern Sie es nicht? Warum halten Sie das aus?"

„Darüber habe ich noch nicht nachgedacht", sagt er und schaut interessiert in sich hinein.

„Du könntest doch wenigstens die Zeitungen, Zeitschriften und alten Magazine ausmisten. Dann hätten unsere Tochter und ich, wenn wir den Wagen mal benutzen, mehr Platz."

„Das ist alles richtig, aber das schaffe ich nicht."

Ich bleibe hartnäckig und frage zurück:

„Wieso schaffen Sie das nicht?"

„Da müsste ich zuviel Zeit investieren!"

„Aber die Zeitschriften und einiges andere mehr sind doch mit einem Handgriff zu beseitigen, oder?"

„Das meinen Sie, ich kann aber keine halben Sachen machen."

Ich vergewissere mich, ob ich ihn richtig verstanden habe:

„Sie sagen, dass Sie keine halben Sachen machen können. Was heißt das genau?"

„Wenn ich etwas mache, dann wird das hundertprozentig gemacht, oder es bleibt liegen."

Seine Frau nickt.

„Sehen Sie, das ist genau mein Mann. Er macht etwas einmalig und erstklassig, oder er schiebt alles vor sich her."

Der Mann sagt ganz kleinlaut:

„Leider kann ich das nicht leugnen."

Ich spitze noch mal zu und frage den Mann:

„Weil Sie das Auto nicht hundertprozentig wieder auf Vordermann bringen können, fangen Sie also erst gar nicht an."

„Das stimmt zweifellos!"

„Und wie viel Zeit würden Sie vermutlich benötigen, um Ihr Auto in den Zustand zu bringen, den Sie für notwendig halten?"

Wie aus der Pistole geschossen sagt der Perfektionist:

„Mindestens zwei volle Arbeitstage."

Die Frau schlägt die Hände vors Gesicht:

„Jetzt weiß ich auch, warum mein Mann den Autoputz schon ein Jahr lang vor sich herschiebt."

Und wir begreifen, warum Perfektionisten oft bestimmten Problemen ausweichen. Sie schieben auf,

weil sie eine vollkommene Arbeit
abliefern wollen,
weil sie keine halben Sachen beginnen,
weil sich etwas Oberflächliches nicht lohnt.

Wer das Vollkommene will, verzettelt sich

Das wird an einem Studenten deutlich, der sich als Perfektionist und als Idealist entpuppte. Er hat von fast allem in seiner Umgebung eine Idealvorstellung. Er setzt sich und anderen Normen und Maßstäbe, die unerreichbar sind. Viel Zeit und Energie setzt er für die Verwirklichung dieser Vorstellungen ein.

An der Uni soll er eine Hausarbeit schreiben über das Thema „Das Belohnungssystem in der Pädagogik". Was macht er? Er geht in eine Buchhandlung, die ihm alle Bücher über das Belohnungssystem in der Pädagogik zusammenstellt. Dann sucht er die Stadtbibliothek auf, die das Belohnungssystem in der Pädagogik ausfindig macht. Er leiht sich 15 Bücher aus, die hauptsächlich und am Rande die Belohnung behandeln. Dann sucht er einen Psychologen in der Beratungsstelle auf und kommt wieder mit 10 Büchern nach Hause. Die Zeitschriften der Psychologie und der Pädagogik nicht mitgerechnet.

Das Ergebnis: Er verzettelt sich. Er will das Belohnungssystem in Vollkommenheit bearbeiten. Er liest und liest und bringt immer neue Gesichtspunkte hinein. Die Listen mit Einzelhinweisen werden immer länger. Der Abgabezeitpunkt rückt immer näher. Er hat noch nicht einmal angefangen, die ersten Punkte zu bearbeiten. Was er aufgeschrieben hat, verwirft er sofort wieder, weil ihm alles nicht gut genug erscheint. Er ist von Kopf bis Fuß gestresst, nimmt Beruhigungspillen ein, versäumt den Abgabetermin und sucht die Beratungsstelle der Universität auf. Er glaubt, das Fach Pädagogik sei für ihn nicht geeignet, wechselt das Fach und fängt ein neues Studium der Sozialarbeit an.

Vier Wochen später erscheint er bei mir in der Beratung. Im Gespräch wird deutlich, dass er einen Kardinalfehler begangen hat, das Studium der Pädagogik zu beenden. Nicht das Fachgebiet ist falsch, sondern seine Einstellung zur Arbeit ist falsch.

Er schiebt nicht auf, weil er keine Lust hat.

Er schiebt auf, weil er das Vollkommene will.

Er schiebt nicht auf, weil er es sich leicht macht, er schiebt auf, weil er das Non-plus-Ultra wählt.

Er ist ein Perfektionist und ein Idealist. Seine Maßstäbe und seine Ansprüche sind zu hoch und lähmen seine Effektivität. Traum und Wirklichkeit vermischen sich.

Am Beispiel der Hausarbeit haben wir gemeinsam bearbeitet, wo seine falsche Lebenseinstellung, sein Überanspruch und seine Blockade zu suchen sind. Der hohe Anspruch führt zu Versagensängsten. Eine ständige Furcht macht sich bemerkbar, die anderen könnten erkennen, dass er ein Versager ist. Nachdem er mit der Hausaufgabe gescheitert war, meldeten sich die Versagensängste extrem.

Dürfen wir denn keine hohen Ziele haben, werde ich oft gefragt. Doch, aber wir dürfen nicht verzweifeln, wir sollen nicht resignieren oder in tiefe Depressionen fallen. Enttäuschungen gehören zum Leben.

Fehler lehren uns, es das nächste Mal besser zu machen. Aber wir wollen nicht Gott gleich werden. Fehler machen uns reifer, aber nicht vollkommen. Krisen sind Herausforderungen Gottes.

Manchmal rutscht es mir in der Beratung heraus: „Der Idealismus ist vom Teufel." Vielleicht übertrieben formuliert, aber die Realität zeigt es.

Warum ist das so? Das Ideale und Vollkommene gibt es im Himmel. Auf dieser Erde wird mit Wasser gekocht. Wir Menschen machen Fehler und sind unvollkommen. Ohne Fehler können wir nicht leben. Darum Mut zur Lücke! Nur einer ist vollkommen, und das ist Gott.

Dieses Wissen bewahrt uns vor Überheblichkeit.
Dieses Wissen bewahrt uns vor
negativem Stress.
Dieses Wissen macht uns ruhig und gelassen.
Dieses Wissen macht uns demütig.

Selbst die Anhänger des Islam wissen oft besser als wir Christen, dass Vollkommenheit eine Eigenschaft Gottes ist. Sie bauen in alle vollkommenen Gegenstände einen Fehler hinein. In echten wunderbaren, orientalischen Teppichen, die vollkommene Muster und Farben haben, sitzt ein Fehler. Haben Sie das gewusst?

Vermeiden Sie die Selbstzerstörung
Die griechischen Heroen sind ein beredtes Beispiel dafür, wie man sich mit Perfektionismus und Idealismus zugrunde richtet.

Da ist Sisyphos. Er muss einen schweren Stein zum Gipfel hinaufstemmen. Kurz vor dem Gipfel ereilt ihn das Unglück: Das Gewicht wird erdrückend. Die Kräfte erlahmen, Sisyphos kann den schweren Felsbrocken nicht mehr halten und dieser rollt mit voller Wucht zurück. Sisyphos ist erschöpft und enttäuscht. Aber er muss die gleichen Anstrengungen wiederholen, wenn er nicht sterben will. Über seinem Tun steht ein Wort: Vergeblich.

Mit immer neuen Anstrengungen geht Sisyphos an die Arbeit. Doch kurz vor dem Gipfel ereilt ihn wieder das Missgeschick. Er schafft es nicht. Sisyphos ist entmutigt, resigniert und völlig enttäuscht.

Viele Christen gleichen diesem Sisyphos. Sie wollen das Unmögliche möglich machen. Sie wollen aus eigener Kraft und mit heroischer Anstrengung die Leidenschaften ihres Lebens besiegen.

Sie wollen aus eigener Kraft das Vollkommene, das Ideale. Ihr Idealismus ist beängstigend.

Am Ende sind sie mit den Nerven fertig,
am Ende sind sie resigniert und verzweifelt,
am Ende packt sie die Versagensangst,
am Ende spielen viele mit Selbstmordgedanken.

Hinter dem Selbstmord steckt häufig ein übersteigerter Ehrgeiz, ein übersteigerter Selbstanspruch, eine bittere Enttäuschung, weil ein Höchstziel nicht erreicht wurde.

Der Teufel muss ein Vergnügen daran haben, wenn Christen sich kaputt arbeiten, wenn Christen glauben, sie müssten den Burnout in Kauf nehmen, um dem Herrn zu dienen.

Statt sich mit Fehlern und Mängeln dem lebendigen Gott auszuliefern, wollen sie mit eigener Kraft, mit Überehrgeiz und frommer Leistung ihr Leben in den Griff bekommen.

Das *Idealbild* ist wichtiger als der Wille Gottes.

Das *Vollkommenheitsstreben* ist reiner Egoismus.

Der *Selbstanspruch* ist wichtiger als der Anspruch Gottes.

Die *Selbstüberforderung* ist wichtiger als die Forderung der Bibel.

Verlieren wir das Thema des *Aufschiebens* dabei nicht aus dem Auge. Auch wer sich übernimmt, verliert den Blick für die Realität. Wer total resigniert und verbittert ist, gibt auf. Er kann die Aufgaben nicht mehr lösen, die auf ihn zukommen. Ungewollt schiebt er alles auf die lange Bank. Er nimmt Abschied vom Morgen.

Er schiebt kraftlos alles vor sich her.

Müde und verbittert ist ihm alles egal.

Erkenntnis 5
Wer leidenschaftlich ein Ziel verfolgt, neigt zum Aufschieben

Es gibt viele Menschen, die enthusiastisch und leidenschaftlich ein Hobby pflegen, das sie völlig ausfüllt und in Anspruch nimmt. Ihre Gedanken und Gefühle sind von diesem Ziel oder diesem Hobby so gefangen genommen, dass sie andere Aufgaben vernachlässigen und beiseite schieben.

Der Dobermannzüchter – ein Beratungsbeispiel
Da ist Herr Becker, ein Mann von 35 Jahren. Der Verheiratete hat mit seiner Frau zwei Kinder, die im Wesentlichen von ihr betreut und erzogen werden. Neben seinem Beruf als Industriekaufmann ist er Hundezüchter. Er züchtet Dobermänner, schwarze und braune, sehr scharfe und weniger scharfe.

Vor allem müssen es bildschöne Tiere sein. An Wochenenden ist er oft unterwegs und besucht Züchter und ihre Zwinger. Von seinem Hobby ist er besessen. Er vergisst Zeit und Probleme. Die Tiere beherrschen sein Denken, sein Fühlen und Handeln. Er behält nur Tiere, die bei Ausstellungen mit der Note „vorzüglich" oder „sehr gut" abgeschnitten haben. Kleinste Fehler an Ohren, an der Haltung oder am Körperbau ärgern ihn, und er stößt die Tiere ab.

Das Hobby kostet viel Geld, denn die Tiere sind sehr teuer. Auch verfüttert er nur ausgesuchte Nahrungsmittel. Mit einem Tierarzt hat er sich angefreundet, der immer wieder die Tiere in Augenschein nimmt. Oft fährt er abends mit dem Fahrrad aus, hat einen Hund an der Leine, der einige Kilometer galoppieren muss, damit sein Organismus gestählt wird.

Besonders seine Frau ist oft unzufrieden, weil die Hunde den Ehepartner in Atem halten. Seine Kinder lieben die Tiere auch, können fabelhaft mit den großen, stattlichen Hunden umgehen und zeigen sich gern mit ihnen bei Kameraden und Freunden.

Die Frau leidet, weil viele Arbeiten im Haus liegen bleiben. Leisten müssten angebracht, kaputte Glühbirnen ausgewechselt, im Garten Bäume geschnitten, das Gras gemäht und ein Kinderzimmer gestrichen werden.

Für den Mann sind das Nebensächlichkeiten. Er versteht es meisterhaft, über solche Herausforderungen hinweg zu gehen. Viele Dinge sieht er nicht, viele kritische Stimmen hört er nicht, und viele Probleme spielt er herunter.

Er verspricht, sich demnächst darum zu kümmern. Aber das „Demnächst" ist eine lange Bank, auf der viel Platz ist, und je länger die Bank wird, desto schattenhafter werden die Objekte, die gemeistert werden müssten.

Die Frau kommt mit ihm in die Beratung. Sie hat den Termin arrangiert. Er kommt artig mit. Er liebt seine Frau, nur versteht er ihre Unzufriedenheit nicht, die sie in Einzelheiten zur Sprache bringt.

Einen Hund hat er mitgebracht, eine schwarze Hündin mit kleinen braunen Flecken an Hals und vor der Brust. Sie liegt artig und wachsam neben ihm und beobachtet das Dreiergespräch gespannt. Die beschnittenen Ohren stehen senkrecht wie eingerollte kleine Dreiecke, mit der Spitze nach oben.

Die Frau hat einen Zettel mitgebracht, damit sie auch nichts vergisst, was sie mir erzählen muss. Sie braucht etwa zwanzig Minuten, um alle Versäumnisse des Mannes loszuwerden.

Der hört geduldig zu, streichelt zwischendurch seinen Hund, der manchmal seinen Kopf zur Seite legt, weil ihm die lauten Töne seiner Herrin nicht gefallen. Plötzlich erhebt sich das Tieer und legt seinen langen schmalen Kopf in den Schoß seiner Herrin, als wolle er sie beruhigen und um Frieden bitten. Willig lässt er sich am Kopf streicheln, legt die Ohren weit zurück und lässt sich zufrieden wieder auf seinen Platz fallen.

Die Frau hat den Zettel zusammengefaltet. Ihr Kummer steht im Raum und in ihrem Gesicht. Erwartungsvoll blickt sie mich an.

Ich schaue auf den Mann und sage:

„Sie haben die Vorwürfe Ihrer Gattin gehört. Wie erleben Sie das?"

„Zunächst möchte ich mal sagen", dabei schaut er liebevoll seine Partnerin an, „ich liebe meine Frau über alles …"

Spontan richtet sich die Frau im Sessel auf und fällt ihm ins Wort:

„Mein geliebter Mann, das ist eine glatte Lüge."

Der Hund ist erschrocken. Er wollte schon aufspringen. Herrchen hat ihn wieder zu Boden gedrückt. Ich mache mir schnell eine Bemerkung auf meinem Schreibblock: „Sie sagte: Mein geliebter Mann!!"

Die Frau fährt fort:

„Du liebst die Hunde über alles, dann kommt zwei Lichtjahre gar nichts und dann komme ich."

Er lässt sich nicht verwirren:

„Mein lieber Schatz!"

Die drei Worte kritzele ich auf meinen Block.

„Du machst aus Mücken Elefanten …"

„… und Du siehst die Elefanten gar nicht. Du bist so mit deinen geliebten Hunden beschäftigt, dass du die Elefanten auf den Mond schiebst."

„Sehen Sie", sagte er zu mir, „das ist unser Problem. Eine Milliarde Menschen hungern. Einige Milliarde Menschen haben kein schönes Zuhause, keine Arbeit und kein ausgefülltes Leben. Und wir haben alles: ein schönes Haus, Geld, das reicht, gesunde und gut geratene Kinder. Sogar die Liebe könnte märchenhaft sein, aber wir streiten uns um Lappalien, um Kinkerlitzchen, und das verstehe ich nicht."

Die Frau sagt etwas spöttisch:

„Die Liebe könnte märchenhaft sein, wenn nicht die verfluchten (entschuldigen Sie bitte!) Kinkerlitzchen, die lächerlichen Lappalien wären!"

„Lieber Schatz, du bringst es auf den Punkt!" sagt er, bleibt ruhig und streichelt den Hund, der sich ganz entspannt auf dem Teppich ausstreckt.

Ich lege meinen Block auf den Tisch und versuche, die beiden zu ermutigen, ihre jeweiligen Wünsche zu formulieren.

Die Frau ist sofort dabei.

„Ich gönne dir ja deine Hunde, in die du verliebt bist. Aber du bist auch verheiratet, wir haben zwei Kinder, ein Haus, einen Garten, einen großen Zwinger. Ich wünsche mir sehnlichst, dass du die berühmten Kinkerlitzchen, die alle liegen bleiben, die mich unfertig anschauen, auch ernst nimmst und nicht ständig vor dir herschiebst."

Ich sage:

„Ihre Gattin gönnt Ihnen die Hunde. Und Sie nehmen ihre Bedürfnisse ernst, was meinen Sie?"

Er legt sein Gesicht in Falten.

„Ich will ihre Bedürfnisse ernst nehmen, aber sind es nicht Lappalien?"

Ich schüttele energisch meinen Kopf.

„Liebe heißt: Ich nehme die Bedürfnisse des anderen ernst. Ich liebe ihn, wie er ist, nicht wie er sein sollte. Ihre Gattin macht Ihre Hundeliebe auch nicht madig. Sie liebt Sie – mit Ihren Hunden, oder?"

Er nickt.

„Doch, das tut sie. Sie liebt sogar meine Hunde. Das finde ich wunderbar. Sie kann mit diesen stolzen und scharfen Tieren umgehen. Alle Achtung!"

„Und die Kinkerlitzchen, was wird aus ihnen?"

„Sie meinen die Lappalien, die ich so gern vor mir herschiebe?", fragt er arglos.

„Ja, Schatz, um die geht es mir!", sagt sie äußerst liebevoll.

Er schaut sie lange an.

„Ich habe verstanden. Liebe heißt, den anderen so zu nehmen wie er ist, nicht wie ich ihn mir vorstelle, nicht, wie ich ihn gern hätte. O.K., ich verspreche unter Zeugen, ich will die Dinge hören und will nicht mehr von Lappalien reden."

Ich schaue auf die Uhr.

„Das war ein gutes Schlusswort. Wenn Sie möchten, treffen wir uns in einem Monat wieder und schauen, wie zufrieden Sie beide sind? Einverstanden?"

Beide nicken. Ich zücke meinen Kalender und wir vereinbaren einen Termin.

Wie lauten die versteckten Ziele dieses Hundeliebhabers?

Wozu geht ihm dieses Hobby über alles? Es gibt eine Reihe Motive:

1. Er ist so mit seinen Hunden beschäftigt, und hier pflegt er eine besondere Lust, dass ihm alle anderen Dinge lästig werden. Und je mehr er sich auf dieses Hobby, auf diese Lust konzentriert, desto mehr muss er alle anderen Verpflichtungen wegschieben.

2. Sein Beruf, seine Ehe und sein Leben bringen ihm zu wenig Anerkennung. Als Dobermannzüchter ist er in ganz Deutschland bekannt. Auf Landesebene ist er schon als Richter bei Ausstellungen tätig. Er möchte das höchste Richteramt bei Ausstellungen für ganz Deutschland innehaben.

Wozu haben wir immer neue Ziele im Auge?

Michel de Montaigne schildert im 42. Kapitel des ersten Buches seiner „Essais" eine Anekdote über König Pyrrhus, dem wir die sprichwörtlich gewordenen Pyrrhussiege zu verdanken haben:

König Pyrrhus fasste eines Tages den Plan, nach Italien überzusetzen. Sein weiser Ratgeber Cyneas wollte ihn von dem Plan abbringen. Er fragte ihn: „Zu welchem Ziel, o Herr, beginnt Ihr dieses große Unternehmen?"

„Um mich zum Herrscher über Italien zu machen", antwortete der König. „Und was dann?", fuhr Cyneas fort.

„Dann werde ich Gallien und Spanien erobern." „Und dann?"

„Dann werde ich hingehen und Afrika bezwingen, und zu guter Letzt, wenn ich mir die Welt unterworfen habe, will ich mich zur Ruhe setzen und ein gelassenes und zufriedenes Leben führen."

„Bei Gott, o Herr", erwiderte Cyneas, „was hindert Euch denn, nach Eurem Gutdünken in dieser Ruhe und Zufriedenheit zu verweilen? Warum lasst Ihr Euch nicht jetzt schon nieder und erspart Euch all die Mühe und Anstrengung?"

Das ist eine kluge Frage. Was bewegt den König und Abermillionen von Menschen in der Welt, die nie aufhören, neuen Zielen und neuen Projekten nachzujagen? Wozu tun sie das? Nicht: *Warum* tun sie das? Wozu hat König Pyrrhus das nötig? Wozu haben das Unzählige nötig? Wozu arbeiten unzählige Millionäre weiter, obschon sie gar nicht mehr wissen, was sie mit dem Geld tun sollen? Was bezwecken sie damit?

Ein reicher Bankmanager, der vor Jahren in meiner Beratung war, und der von der Bank in Pension geschickt wurde und erheblich darunter litt, gestand mir:

„Nein, es geht mir nicht um das Geld. Davon habe ich genug. Jetzt bin ich aus dem Verkehr gezogen. Mein Name ist gestrichen. Mein Name erscheint nicht mehr in den Veröffentlichungen und in der Zeitung. Ich gelte nichts mehr. Ich gehörte zu den Beratern des Ministerpräsidenten. Können Sie das verstehen?"

Arbeitssucht, Überehrgeiz, eine Geltungsneurose, Anerkennungssucht und ein Mittelpunktsstreben sind die eigentlichen Antreiber.

Bei jedem Betroffenen zeigen sie eine andere Färbung. Wie sagt die Bibel: „Denn wo euer Schatz ist, da ist auch euer Herz." (Mt 6,21) Was für euch höchste Priorität hat, da seid ihr mit eurem ganzen Herzen. Alles andere wird fröhlich weg geschoben.

Erkenntnis 6
Wer dem Idealismus huldigt, schiebt auf

Da ist Bianca, eine 29-jährige junge Dame, die als Christin die Beratung aufsucht, weil sie unglücklich ist und allein lebt.

„Das Alleinleben schmeckt mir überhaupt nicht!"

Ich schaue sie als Mann an und sage unverblümt:

„Verstehen tue ich das nicht. Sie sehen sehr attraktiv aus, wenn ich mir das gestatten darf zu sagen, und leben allein?"

Sie schüttelt den Kopf und meint:

„Ich verstehe das selbst nicht. Von Freunden und Bekannten höre ich oft genug, dass keiner sich das vorstellen kann. Aber es ist so."

Hat der Idealist zu hohe Ansprüche?
Ich versuche, sie bei ihren eigenen Überzeugungen zu fassen.

„Und welche Erklärungen haben Sie sich selbst gegeben?"

Sie zieht die Stirn in Falten und denkt nach.

„Meine Mutter behauptet, ich hätte zu hohe Ansprüche".

„Und was glauben Sie selbst?"

Sie druckst herum und sagt kleinlaut:

„Als Mensch und Christ kann man doch nicht zu hohe Ansprüche haben! Gott hat die zehn Gebote und andere Maßstäbe in der Bibel doch nicht aus Spaß formuliert, die kein Mensch einhalten kann."

Ich lege meinen Schreibblock einen Augenblick zur Seite und sage:

„Was halten Sie davon, wenn wir ein bisschen in Ihrem Leben blättern, und Sie erzählen mir, was Sie in der Schule und später erlebt haben, einverstanden?"

Die Dame nickt.

„Und was wollen Sie genau hören?"

„Wie Sie die Schule, Freundschaften und das Leben beurteilen."

Sie schaut einen Augenblick nach innen und beginnt:

„Ich war eine gute Schülerin und habe mir immer die tüchtigsten Lehrer ausgewählt."

Ich frage: „Was wollten Sie damit bezwecken?"

Die Dame reagiert etwas erschrocken.

„Ich bitte Sie, wir leben doch nur einmal. Da will ich jedenfalls das Beste aus meinem Leben machen."

Dann fährt sie fort:

„In zwei Fächern hatte ich erstklassige Nachhilfe, obschon meine Noten in den Fächern gut waren. Es waren zwei Studienräte am Gymnasium, der eine gab Nachhilfe in Latein, der andere in Deutsch."

„Und was haben Sie sich davon versprochen?"

„Ich war mir immer unsicher, was ich einmal beruflich machen wollte. Auf der einen Seite interessierte mich das Fach Latein für die Laufbahn als Studienrätin am Gymnasium, auf der anderen Seite spielte ich mit dem Gedanken, Journalistin zu werden."

„Und was haben Sie nach dem Abitur studiert?"
Sie lachte.

„Was ganz anderes. Mit Philosophie habe ich angefangen und habe nach zwei Semestern gewechselt, um ein Medizinstudium zu beginnen."

„Vermutlich haben Sie jetzt das Richtige gefunden, oder?"

In ihrem Gesicht macht sich Verzweiflung breit.

„Nein, das habe ich nicht. Nach fünf Semestern habe ich wieder abgebrochen und studiere jetzt alte Sprachen für das Lehramt."

Sie holt ein Taschentuch aus der Handtasche, um sich auf Tränen vorzubereiten.

„Mir scheint, Sie sind ein unzufriedener Mensch, oder wie verstehen Sie Ihre Lage?"

Fragend schüttelt sie ihren Kopf hin und her.

„Vielleicht ja, weil es mir sehr schwer fällt, das Unvollkommene zu ertragen."

„Mit anderen Worten, Sie streben das Ideale an!"

Spontan kommt das Echo:

„Ja, natürlich. Ist das denn falsch?"

„Was glauben Sie selbst, ist am Idealismus nicht falsch aber problematisch?"

Sie schaut mich lange an und sagt:

„Ich weiß es nicht."

Ich überlege auch einen Augenblick, was ich ihr antworte. Den Block halte ich in der Hand und spiele mit dem Kugelschreiber.

„Bei einem Schweizer Therapeuten, Binswanger, habe ich mal eine interessante Deutung des Idealismus gelesen. Er schrieb sinngemäß: Idealismus ist eine schreckliche Form der Verstiegenheit. Ich komme aus der Schweiz. Wer sich in den Bergen verstiegen hat, sitzt in der Sackgasse. Wenn er Glück hat, holt ihn ein Hubschrauber aus der auswegslosen Felsspalte."

Im Gesicht der Dame zuckt es. Mit dem Taschentuch wischt sie sich die Tränen aus den Augen. Sie versucht zu lächeln:

„Dann hat ja meine Mutter doch Recht, wenn sie sagt, ich hätte einfach zu hohe Ansprüche!"

Ich mache einen Sprung.

„Und wie ist es Ihnen in der Liebe ergangen? Sie sind eine attraktive Frau und sind sicher von vielen Männern umworben worden, vermute ich?"

Sie wird regelrecht etwas ärgerlich.

„Was habe ich von den Männern, die mir schöne Augen machen und sexuelle Beziehungen wollen. Einige oberflächliche Beziehungen habe ich hinter mir. Alles Leichtmatrosen, nichts Ernstes, nichts Ideales darunter!"

„Und wie sieht ein idealer Partner in Ihren Augen aus?"

Sie zögert die Antwort hinaus.

„Ehrlich, ich weiß es nicht. Auf alle Fälle will ich keinen Leichtfuß, keinen Menschen, der nur auf das Oberflächliche sieht. Er muss das Dasein reflektieren, ein erfülltes Leben führen, absolut treu sein und meinen Vorstellungen sehr entgegenkommen."

„Haben Sie schon mit anderen Seelsorgern oder Beratern über diese Problematik gesprochen?"

Sie nickt.

„Mit meinem Pfarrer in der Gemeinde habe ich einige Male gesprochen, aber er wusste auch keine Lösung, weil es angeblich für Idealisten keine Lösung gebe. Für mich sehr enttäuschend beendete er das letzte Gespräch mit dem verrückten Vorschlag: ‚Ich rate Ihnen, heiraten Sie einen Engel!'"

In der Tat, das scheint das Problem des Idealisten zu sein.

Der Idealist hat sich verstiegen

Hier breche ich ab, denn aus dem Gesagten wird überdeutlich:

- Bianca ist eine Idealistin, die von sich und anderen das Höchste, das Beste, das Optimum erwartet.
- Bianca ist unzufrieden, weil ihre Ansprüche an sich und andere zu hoch sind.
- Bianca hat drei Studien begonnen und abgebrochen, weil sie jeweils Lücken, Unvollkommenheiten und Schattenseiten entdeckt hat, die ihrem Vollkommenheitsstreben zuwiderlaufen.
- Bianca glaubt auch als Christin, dass es Gottes Wille sei, dass wir das Leben ernst nehmen und alles daran setzen, unsere Gaben und Fähigkeiten optimal für die Gemeinschaft einzusetzen. Sie sieht Gottes Plan für ihren Lebensweg nicht und wartet darauf, bis Gott ihr unverwechselbar Hinweise gibt,
  welche konkreten Schritte sie gehen soll.
  Wer auf die ideale Antwort wartet, schiebt auf.
- Bianca wartet auf den vollkommenen und idealen Lebenspartner, den es leider nicht gibt.
  Darum hat sie bis heute auch keinen gefunden.
  Der Pfarrer ihrer Gemeinde hat sie tief verletzt, weil er ihr geraten hat: „Ich rate Ihnen, heiraten Sie einen Engel!"

Insgesamt: Frau Bianca ist fast 3o Jahre alt geworden. Auch das versetzt sie in Panik. Sie sucht im Beruf, im Leben und bei der Partnerwahl das Ideale. Sie erlebt ständig Enttäuschungen, weil sie die Latte zu hoch gelegt hat. Wer das Ideale will und erwartet, muss ständig aufschieben und verschieben. Er schiebt ein erfülltes Leben vor sich her, weil ein erfülltes Leben nicht mit Idealismus und Vollkommenheit verwechselt werden darf.

Im letzten Teil dieses Buches, wo Antworten und Lösungen angeboten werden, kommt noch einmal der Idealismus zur Sprache.

Erkenntnis 7
Ist Aufschieberitis in erster Linie Faulheit?

Viele junge und vor allem ältere Menschen sind der festen Überzeugung: Die Aufschieberitis ist eine Form der Faulheit.

„Die Kinder von heute sind viel zu verwöhnt,
daher schieben sie auf!"
„Wer im Chaos lebt, der schiebt
auch aus Faulheit auf!"
„Wer aufschiebt, ist zu faul,
alles ordentlich zu regeln!"

Viele Aufschieber sind auf keinen Fall faul, es sind Arbeitssüchtige und Dauerarbeiter, die sich selbst oft überfordern, sie stehen enorm unter Druck.

Sie versäumen Termine,
sie beantworten keine Anrufe,
sie kommen zu spät,
sie sagen gemeinsame Vorhaben wieder ab.

Diese Menschen sind ständig in Eile, stehen unter Druck und versuchen, mehrere Dinge gleichzeitig zu machen. Sie belasten sich mit negativem Stress aus Angst vor Verspätung, reagieren mit einem schlechten Gewissen und mit Schuldgefühlen, weil alles in letzter Minute fertig werden soll. Jeder spürt: Von Faulheit kann keine Rede sein.

Bei den so genannten „Faulen" ist es so, dass sie oft genügend Motivation haben,

- Sport zu treiben,
- Musik zu hören,
- Zeitungen zu lesen,
- bestimmte Hobbys zu pflegen.

Wenn allerdings eine völlige Motivationsflaute vorliegt, kann es sein, dass eine Depression im Hintergrund steht. Der Mensch ist antriebslos, ist müde, ist desinteressiert und resigniert. Solche Menschen können oft keine Entscheidungen treffen, sind lustlos und völlig inaktiv. In Beratung, Therapie und Seelsorge müssen gründliche Analysen erstellt werden, um den Betroffenen nicht Unrecht zu tun.

Hauptgesichtspunkte des Aufschiebens sind:

- Ein Mensch hat starke Selbstwertstörungen,
- ein Mensch sieht sich in seiner Unabhängigkeit bedroht,
- ein Mensch will seinen Ängsten entgehen.

Welche Ängste sind gemeint?

- Angst, nicht zu genügen
- Angst, nicht perfekt zu sein
- Angst vor unrealistischen Erwartungen
- Angst zu versagen

Aufschieben ist in diesem Sinne kein Fehler der Persönlichkeitsstruktur. Es handelt sich vielmehr um den oft unbefriedigten Versuch, die lähmende Angst in ihren vielen Erscheinungsformen zu überwinden. Ängste sind ein Abwehrverhalten, um nicht verurteilt und entwertet zu werden.

Noch ein Gesichtspunkt, der auch mit Faulheit nichts zu tun hat, beinhaltet die Gleichsetzung von *Selbstwert* und *Arbeit*. Viele Eltern und Erzieher machen den Fehler, dass sie bewusst oder unverstanden den Selbstwert mit der geleisteten Arbeit gleichsetzen.

„Du bist nur etwas wert, wenn du etwas leistest!" Viele sagen es nicht so, handeln aber entsprechend. „Du bist geliebt und wertvoll, weil du gehorsam bist und arbeitsam."

Kinder und Heranwachsende, die das erleben oder *glauben*, dass so mit ihnen verfahren wird, neigen dazu,

- dem Perfektionismus zu verfallen,
- der Selbstkritik zu huldigen,
- sich als Opfer zu fühlen, wenn die Erwartungen an sich und von anderen, nicht erfüllt werden.

Der Mensch wird geliebt *um seiner selbst willen*. Für uns Christen gilt das besonders zu beachten. Christus liebt uns wie wir sind, nicht wie wir sein sollten. Wehe, wenn unser Selbstwert und unser Selbstvertrauen von Leistung, guten Noten und fehlerloser Arbeit abhängen. Wir geraten als Erwachsene in große Schwierigkeiten mit der Angst zu versagen und den Anforderungen nicht zu genügen. Die Folge: Der Mensch schiebt Dinge vor sich her, um Abhilfe zu schaffen.

Kann die Aufschieberitis auch entlasten?

Ganz sicher. In der Beratung sagte mir ein Mann: „Ich bin ein Meister im Aufschieben." Was ist das für ein Mensch? Er sitzt da und lächelt. Er könnte mit Kurt Tucholski sagen „Meine Probleme möchte ich haben." Er nimmt vieles leicht und locker. Unzählige Dinge und Probleme sind für ihn klein und harmlos. Er hat ein weites Gemüt und neigt dazu, vieles zu entdramatisieren. Von Hause aus ist er ein Optimist, der manches schönredet und daran glaubt. Er versteht es meisterhaft, das Leben mit den vielen Facetten positiv zu deuten. Arbeiten, die normalerweise mit Schmerzen und Schweiß verbunden sind, werden vermieden. Und siehe da: Für solche Menschen geht alles weiter. Sie lassen die Aufgaben liegen – andere kümmern sich darum, oder sie verschwinden. Solche Optimisten sehen in erster Linie das Positive. Fehler und Versagen werden übersehen, überspielt und verdrängt.

Unter diesen Aufschiebern sind viele *„Lebenskünstler".* Sie gehen den Weg des geringsten

Widerstandes. Immer haben sie ein geschultes Auge für Möglichkeiten, schnell und mit kleinsten Anstrengungen große Sprünge zu machen. Sie picken sich nur das Positive heraus, das Negative legen sie gekonnt beiseite. Sie sind Schlawiner, die sich durchmogeln. Sie sind Menschen, die geschickt Lücken und Löcher entdecken, durch die sie gekonnt hindurchschlüpfen. Es gibt nicht wenige, die diese Lebenskünstler bewundern. Sie sind Stehaufmännchen, denen zwar einiges durch Aufschieben entgeht, die sich aber an Dingen erfreuen, die trotzdem klappen. Viele dieser Lebenskünstler sind ausgesprochen zufriedene Menschen. Sie können auf vieles verzichten, was andere für dringend erforderlich halten. Sie geben sich bescheiden, leiden auch nicht unter Verzicht und Einschränkungen.

Der amerikanische Psychologe und Coach Dr. Neil A. Fiore schreibt über den Gewinn, den bestimmte Aufschieber erwarten:

„Dieses Verhalten kann sogar zu einer Art Sucht werden, denn das Aufschieben eröffnet uns die Möglichkeit, die mit bestimmten Aufgaben verknüpften Ängste für eine gewisse Zeit von uns fern zu halten. Erweist sich die Arbeit, die wir verschoben haben, später zudem noch als überflüssig, so ist das Aufschieben doppelt gerechtfertigt und wir werden doppelt dafür belohnt. Wir haben das Aufschieben nicht nur eingesetzt, um unsere Angst zu bewältigen, wir haben sogar entdeckt, dass wir damit Energie sparen können. Wir lernen, dass es in bestimmten Situationen sinnvoll ist, Dinge aufzuschieben und dass wir später dafür belohnt werden." [2]

Wenn Sie sich als Opfer fühlen
Auch die Opferrolle hat wenig mit Faulheit zu tun. Opfer fühlen sich von anderen kontrolliert, manipuliert und in Sackgassen getrieben. Das Opfer ist in einer bemitleidenswerten Situation.

Opfer können nicht laut rebellieren, weil sie Stärkeren und Mächtigeren ausgeliefert sind. Aber diese Menschen können mit Widerstand und Aufschieben reagieren. Der Betroffene reagiert so erschrocken und ängstlich, dass er seine Aufgaben nur mit halber Kraft erledigen kann. Die Opferrolle bringt Vorteile. Die Starken werden von Opfern gelähmt. Das Opfer kann mit seiner Hilflosigkeit den Starken entwaffnen. Der bekommt auch noch Schuldgefühle, weil er erlebt, in welche Situation er das „Opfer" gebracht hat.

So bringen in Pflegeheimen alte und gebrechliche Menschen oft die Pflegekräfte in Verzweiflung, weil sie sich weigern, die Medikamente einzunehmen, sie nässen oder koten ein und leisten auf diese Weise Widerstand. Das Aufschieben ist mit Wut, Widerstand und Bitterkeit verbunden.

Wenn es dem Pfleger gelingt, den Patienten nicht mit Drohungen und Gewalt zu begegnen, sondern sie für Mitarbeit zu gewinnen, entsteht ein fruchtbares und hilfreiches Miteinander. Oft sind Widerstand und Verweigerung bei Patienten auch durch Machtmissbrauch und Tyrannei der Pfleger entstanden.

Wer im Leben erfahren hat, dass er sich durch Aufschieben, Widerstand und Abwehr durchsetzen kann, fällt immer wieder auf diese Muster herein. Er hat sie trainiert, er hat sie erprobt, er ist mit den Einstellungen vertraut.

Deutlich wird an diesen Beispielen, dass Aufschieben ein weites Feld abdeckt und viele unverstandene Motive beinhaltet. Wer sich krank meldet, geschickt Dinge vergisst oder vor sich herschiebt, versteckt seine Enttäuschung, die hinter den genannten Reaktionsmustern steht.

Es ist in Beratung und Therapie nicht leicht, Menschen, die in der Opferrolle stecken, aus dieser Zwickmühle herauszuhelfen. Das Opfer hat sich so an die Opferrolle gewöhnt, dass es über Verhaltensmuster verfügt, die von Aufschieben, Widerstand, Rache und Vergeltung geprägt sind.

Lernt der Betroffene: „Ich habe mich für die Opferrolle entschieden", kann er ermutigt werden, eine positive Lebenseinstellung zu wählen. Der Mensch in der Opferrolle ist fehlerorientiert, er muss lernen, erfolgsorientiert zu leben und zu handeln. Denn wer sich *für* eine bestimmte Lebenshaltung entschieden hat, muss begreifen, dass er diese Lebenseinstellung auch ändern kann. Mit dem Seelsorger oder Berater können konstruktive und erfüllende Muster besprochen und trainiert werden.

Diese Opferrolle wird auch als Masochismus (Leidelust) bezeichnet. In einem Lehrbuch über „Neurotische Störungen und psychosomatische Medizin" schreiben die Autoren:

„Der psychische Masochismus ist eine neurotische Störung, die einerseits viel mit der Depression zu tun hat, andererseits gut von ihr abgrenzbar ist. Der Begriff beschreibt eine Grundhaltung, die das ganze Leben durchzieht, dem Betroffenen kaum Befriedigung gönnt und widrige Umstände geradezu anzuziehen scheint […] Ein durchgängiges Lebensarrangement, das den Menschen ständig Belastungen, Verpflichtungen, Leiden, Unglück und Schicksalsschläge ‚beschert'. Die Betroffenen verstehen sich selbst nicht selten als ‚Pechvögel', denen einfach das nötige Glück im Leben fehlt

[…], ‚Helfersyndrom‘, ‚Opferhaltung‘ und weitere Begriffe sind hier einzuordnen."[3]

Die Betroffenen *fühlen sich so,*
die Betroffenen *glauben,*
dass sie nicht anders können,
die Betroffenen haben sich selbst *indoktriniert.*

Wichtig: Wenn es stimmt, und davon gehen Psychologie und Seelsorge aus, dass sich der Betroffene für diese Rolle entschieden hat, dann gibt es beraterische und seelsorgerliche Möglichkeiten, aus diesem Dilemma herauszufinden.

Erkenntnis 8
Alles-oder-nichts-Probleme
verstärken das Aufschieben

Wie lauten die Lebensgrundüberzeugungen, die dem Alles-oder-nichts-Denken entspringen?

- „Sekt oder Selters!"
- „Willst du nicht mein Bruder sein,
  schlag ich dir den Schädel ein!"
- „Entweder ich bekomme eine Eins,
  oder ich tue überhaupt nichts mehr!"
- „Seid ganz Sein, oder lasst es ganz sein!"
- „Sieg oder Niederlage!"
- „Ordnung oder Chaos!"
- „Millionär oder Bankrotteur!"
- „Du änderst dich total,
  oder ich lasse mich scheiden."
- „Himmelhoch jauchzend – zu Tode betrübt!"
- „Ganz oder gar nicht."
- „Schwarz oder weiß!"

Wer alles auf eine Karte setzt, wer idealistische Erwartungen hat, wer einem zerstörerischen Ideal nachläuft, gibt auf, wenn die Ziele unerreichbar werden.

Die Betroffenen sind blind für die Möglichkeiten, die ihnen offenstehen. Und diese Möglichkeiten schieben sie vor sich her, diesen Möglichkeiten weichen sie aus. Sie wollen alles oder entscheiden sich für das Nichts, für den Rückzug, auch für den Tod. Wer das Unmögliche will, baut Abwehrmethoden auf, die ihn lähmen, die ihn energielos machen.

Der Alles-oder-Nichts-Mensch beraubt sich seiner Fähigkeiten

Der Psychoanalytiker Wolfgang Schmidbauer schreibt in einem seiner Bücher:

„Wenn ein begabter Student beschließt, künftig als Taxifahrer zu arbeiten, flieht er oft vor einem unbewussten Berufsideal in eine Tätigkeit, die ihn nur halb fordert. Der Studienabbruch ‚wirkt' befreiend, wenn die Konfrontation mit dem Unerreichbaren dadurch aufgehoben wird. […] So lange er seine inneren Widersprüche schöpferisch bewältigt, kann er leben; misslingt es ihm, versiegt seine kreative Kraft, dann drohen ihm der Selbstmord oder die innere Erstarrung der Depression."[4]

Schmidbauer bringt es auf den Punkt: Der Alles-oder-Nichts-Idealist ist ein Aufschieber. Wer das Nonplusultra nicht erreicht – und er kann es nicht erreichen – vergräbt seine Fähigkeiten wie der intelligente Student, der sich für das Taxifahren entscheidet. Er schiebt viele Möglichkeiten beiseite, oder er bringt sich um. Der Selbstmord ist die begreifliche Reaktion auf ein Streben nach den Sternen, auf Ziele, die man phantasieren, aber nicht erreichen kann.

Der Alles-oder-nichts-Mensch ist ein unangenehmer Zeitgenosse

Der Franziskanerpater Richard Rohr beschreibt im „Enneagramm" die neun Gesichter der Seele. Typ EINS ist in seinen Augen der Idealist, und viele davon sind Alles-oder-nichts-Persönlichkeiten.

Richard Rohr sagt von sich selbst:

„EINSer sind Idealisten, die von einer tiefen Sehnsucht nach einer Welt der Wahrheit, Gerechtigkeit und moralischen Ordnung angetrieben werden [...] Im Innern von uns EINSern wird dauernd Gericht gehalten; wir sind unser eigener Staatsanwalt und sitzen zugleich auf der Anklagebank. [...] Das Suchen nach *Vollkommenheit* beherrscht unser Leben und ist unsere eigentliche *Versuchung*.

Im Kampf gegen die Unvollkommenheit kann sich eine EINS zu einem Don Quichotte entwickeln, der gegen Windmühlen ankämpft und den ‚unmöglichen Traum' träumt. [...] EINSer haben die Neigung, sich selbst zu verleugnen und zu bestrafen und können ihre Gefühle und Bedürfnisse verdrängen oder gar abtöten [...]. Wir EINSer sind auf uns zornig. Der Zorn ist die Wurzelsünde der EINS."[5]

Die Ansprüche solcher Menschen sind zu hoch. Sie sind unzufrieden, neigen zum Nörgeln, laufen ständig mit einem schlechten Gewissen herum. Sie stehen ständig unter Druck und reagieren wie wandelnde Dampfkochtöpfe. Weil sie keine Fehlentscheidungen treffen wollen, schieben sie Entscheidungen vor sich her. Sie neigen zum Zögern und Zaudern und sind hochgradig empfindlich. Sie sehen den Splitter im Auge des Anderen, aber nicht den Balken im eigenen Auge.

Die Unzufriedenheit mit sich selbst lässt sie oft untätig werden, sie schieben Projekte und Aufgaben vor sich her, weil sie das Vollkommene und Ideale nicht erreichen können.

Im Fernsehen war die Sendung „Alles oder nichts" eine beliebte Sendung. Alles gewinnen oder alles verlieren. Dem Leben begegnet man mit einer Schwarz-Weiß-Einstellung. Bloß kein Mittelmaß! Das Durchschnittsdenken wird abgelehnt.

Der Psychoanalytiker Horst Eberhard Richter spricht von „Fortschrittsgigantomanie." Der Mensch strebt etwas Utopisches an, etwas, das es nicht gibt.

In Seelsorge und Beratung sind mir Menschen begegnet, die ihren Glauben über Bord geworfen haben, weil sie das Ideale und Vollkommene nicht erreichen und leben konnten. Ihre Alles-oder-nichts-Problematik hat sie verleitet, alles aufzugeben und dem Nichts zu huldigen. Die Enttäuschungen über sich und über das Unerreichbare hat sie lebens- und glaubensmüde gemacht.

Wer von den Betroffenen allerdings seinen überhöhten Selbstanspruch und seine idealistischen Vorstellungen aufgegeben hat und auf Gottes Beistand und Christi Erlösung hoffen konnte, hat seinen Idealismus und seine Alles-oder-nichts-Mentalität überwunden.

Erkenntnis 9
Hypochondrische Befürchtungen beflügeln das Aufschieben

Was sind hypochondrische Befürchtungen?

Es sind sachlich nicht begründbare, beharrlich festgehaltene Sorgen um die eigene Gesundheit. Noch eine Schraubendrehung stärker, und es handelt sich um eine „hypochondrische Störung", die international so definiert wird:

„Anhaltende übermäßige Angst oder Befürchtung, an einer schweren körperlichen Erkrankung zu leiden, obwohl für die weitgehend unspezifischen Symptome keine Ursachen gefunden werden können." [6]

Die anhaltende Überzeugung gründet sich in der Regel auf die subjektive Deutung von vermeintlichen oder tatsächlichen Organstörungen. Die eigentliche Belastung besteht in der übermäßigen gedanklichen Beschäftigung damit. Gestört sind die sozialen Beziehungen und die berufliche Leistungsfähigkeit. Der Betroffene ist fast ausschließlich mit seinen Beschwerden und der dahinter vermuteten Erkrankung beschäftigt. Diese Menschen betreiben oft „Doctor-Shopping", das heißt, sie wechseln unaufhörlich den Arzt.

Mein Arm wird ganz kalt

Ich hatte eines Tages eine Hypochonderin in der Beratung, eine junge Dame von 26 Jahren. Sie kam, weil sie Befürchtungen hegte, ihr Freund könne sie quälen, ihr Freund könne sie seelisch und körperlich verletzen, ihr Freund könne sie verlassen. Ein Arzt hatte sie überwiesen mit dem Verdacht auf Hypochondrie. Die Dame fragte, was darunter zu verstehen sei. Um ihr den Begriff verständlich zu machen, wählte ich ein Beispiel, das mir durch den Kopf schoss.

„Stellen Sie sich vor", erklärte ich ihr, „Ihr linker Arm würde kalt und unbeweglich, weil Sie sich das vorgestellt haben. Ihre Vorstellung ist so eindrücklich, dass der Arm wirklich kalt wird."

Das Gespräch ging weiter. Wir kamen wieder zum Arbeitsauftrag zurück. Etwa zehn bis fünfzehn Minuten waren inzwischen vergangen. Plötzlich wurde die Dame unruhig und streichelte fest mit der rechten Hand ihren linken Arm.

„Entschuldigen Sie bitte, aber ich kann im Augenblick nicht folgen." Sie bekam große, geweitete Augen und zeigte ein erschrockenes Gesicht.

„Es ist verrückt", sagte sie, „der linke Arm fühlt sich auf einmal ganz kalt und unbeweglich an. Ihr Beispiel muss ich arg verinnerlicht haben."

Der Hypochonder hat ein so ausgeprägtes Einfühlungsvermögen, dass er sich Bilder von Krankheiten, Schmerzen und Störungen so vergegenwärtigt, dass er sie buchstäblich nachempfindet.

Der eingebildete Kranke

Der Franzose Jean Jaques Rousseau (1712-1778) schildert die Entstehungsgeschichte seines „großen Herzpolypen". Er hatte das Zeug zu einem ausgewachsenen Hypochonder.

„Um mir den letzten Stoß zu versetzen, hatte ich, nachdem ich ein paar physiologische Bücher gelesen, mich an das Studium der Anatomie gemacht, und indem ich nun die Menge und die Wirksamkeit all der Teile, aus denen ein Körper bestand, an mir vorüberziehen ließ, erwartete ich wohl zwanzigmal täglich, all das in Unordnung geraten zu sehen. Ich staunte nicht etwa darüber, mich dauernd sterbend zu sehen, sondern im Gegenteil darüber, dass ich immer noch lebte und konnte die Beschreibung keiner einzigen Krankheit lesen, ohne sie nicht für die meine zu halten. Wäre ich nicht sehr krank gewesen, wahrlich, ich wäre es durch dieses unselige Studium geworden. Da ich in jeglicher Krankheit Anzeichen der meinen fand, glaubte ich sie alle miteinander zu haben." [7]

Nicht alles sind „hypochondrische Störungen". Eine abgemilderte Form sind die Befürchtungen, die genügen, um das Selbstwertgefühl zu schwächen und das Selbstvertrauen zu untergraben.

Befürchtungen werden trainiert

Es ist nun einmal so: Angst und Befürchtungen binden unsere Energie an der falschen Stelle, und wir können sie nicht mehr produktiv nutzen. Wer mit Gedanken und Befürchtungen ständig beschäftigt ist, *muss* aufschieben, *muss* andere Forderungen und Aufgaben vor sich herschieben.

Befürchtungen und Aufschieben werden sehr früh trainiert. Eltern, Lehrer und Erzieher benutzen häufig Drohungen und Bilder von Katastrophen, um uns für Ziele zu motivieren. Diese Drohungen lösen Versagensängste und Befürchtungen aus.

Die Folge: Entmutigungen demotivieren. Ein Negativtraining mindert den Arbeitseifer. Menschen mit Talenten, die nicht zur Entfaltung kommen, werden eingeschüchtert, kultivieren ihre Angst, entwickeln Widerstand und schieben auf. Es ist notwendig, diese Handlungsblockaden, die das Aufschieben verursachen, zu beseitigen.

Wer durchschaut, dass er sich durch Kritik, durch Drohungen und durch Befürchtungen der Eltern und Erzieher diese Einstellungsmuster

eingeredet hat, der wird diese negativen Bewälti-
gungsstrategien ablegen. Er lernt, dass es überflüssige Selbsteinreden und Selbstindoktrinationen
sind, die ihn lähmen und energielos machen.

Werfen wir die falsche Zuversicht über Bord, die
uns einredet
  - wir brauchten bei allem Tun und Lassen abso-
    lute Sicherheit;
  - wir brauchten die Garantie, dass nichts schief
    laufe;
  - wir brauchten die feste Überzeugung, dass wir
    alles unter Kontrolle haben.
Echte Zuversicht meint:

„Es kann bei meiner Arbeit immer etwas schief-
gehen. Das gehört zur Arbeit, das gehört zum
Leben. Ich lasse mich nicht entmutigen. Ich werde
neu beginnen."

Erkenntnis 10
Das Leben aufschieben

Viele Menschen schieben das Leben auf.

„*Wenn* ich erst mein Abitur habe,
   dann werde ich mich um eine
   Freundin *bemühen*."

„*Wenn* ich in die Midlife Crisis komme,
   dann werde ich ein Fitness-Studio aufsuchen
   und alles für meinen Körper tun."

„*Wenn* ich pensioniert bin,
   dann werde ich viele
   Weltreisen unternehmen."

Das Leben auf später zu verschieben, ist im Grunde die tragischste Form der Aufschieberitis. Das Aufschieben hindert mich daran, die wirklich wichtigen Aufgaben in meinem Leben zu bewältigen. Wir geizen mit Urlaubstagen, mit Ruhepausen und körperlicher Bewegung und plötzlich fehlen die Begeisterung und die Motivation, es noch in Anspruch zu nehmen. Wer den Anforderungen der Leistungsgesellschaft gerecht werden will, der braucht ausreichend Zeit für körperliche Ertüchtigung und zur Regeneration.

Der Traum vom Später

Der unvergessliche Dale Carnegie, der mit seinem Buch „Sorge dich nicht, lebe!" einen Bestseller schrieb, der Jahrzehnte Spitzenplätze im Verkauf einnahm, formulierte:

„Wir Menschen neigen offenbar von Natur dazu, unser Leben auf später zu verschieben, was zweifellos sehr tragisch ist. Wir träumen alle von einem magischen Rosengarten, jenseits des Horizonts – anstatt uns an Rosen zu freuen, die hier und heute vor unserem Fenster blühen." [8]

Menschen, die Höchstleistungen erbringen, legen Wert darauf, dass sie genügend Zeit zum Schlafen, für Ruhepausen, für Bewegung und freundschaftliche Beziehungen haben. Die Höchstleistungen sind das Ergebnis einer klugen Zeitplanung. Sie sind *nicht* das Ergebnis von Überforderung und von Selbstausbeutung.

Aktionismus – die Flucht vor der Leere

Im Gegensatz dazu sind der Arbeitssüchtige und der Aktionist Vermeider von Angst und Leere. Darum formuliert der Arzt Egon Fabian, Neurologe und Psychoanalytiker:

„Ein gewisser Aktionismus wird in unserer Gesellschaft oft als Leistung missverstanden und honoriert […] Viele Menschen leben in einer ruhelosen Suche nach Aktion und vermeiden jede Form der Stille. Fieberhafter Aktionismus greift um sich, Tausende müssen surfen, gleiten, rennen, fliegen, suchen nach ‚Fun' und Geschwindigkeit. Auch der stets aktive, fleißige, oft auch innovative ‚Workaholic' täuscht nicht selten darüber hinweg, dass er unter seiner produktiven Unruhe Angst und Leeregefühle verbirgt."[9]

Die Flucht in die Geschäftigkeit, in den Aktionismus, in die Arbeitssucht, zeigt sich auch darin, dass der Mensch den Glauben an den lebendigen Gott, der ihm Sinn, Lebensinhalt und Erfüllung schenken könnte, beiseiteschiebt. Je mehr der moderne Mensch sich vom Glauben, vom Halt, von der Geborgenheit in Gott abwendet, desto heftiger und psychisch belastender wird er von allerlei Ängsten heimgesucht. Nicht umsonst sprechen wir seit Jahren vom „Zeitalter der Angst" und vom „Verlust der Mitte".

Der Psychologe Neil Fiore kommentiert diese Lebenseinstellung so:

„Zwanghafte Dauerarbeiter und chronische Aufschieber haben folgende Verhaltensweisen gemeinsam: Sie haben das Gefühl, das sie ihr Leben im ‚Stand-by-Modus' leben, mit einer sehr schwachen Hoffnung, dass sie eines Tages gut genug organisiert und erfolgreich genug sein werden, um das Leben genießen zu können. […] Beide Typen vertreten eine negative Arbeitseinstellung. Für sie ist Arbeit ein Fass ohne Boden, das Entsagung und Opfer verlangt, die Arbeitssüchtige bereitwillig bringen. Aufschieber übertreiben die Opferhaltung und flüchten in halbherzige Freizeitaktivitäten, immer in der Angst, niemals wieder die Gelegenheit dazu zu bekommen."[10]

Wer freie Zeit ohne schlechtes Gewissen genießt, überwindet das Aufschieben. Er lädt wieder auf, bekommt neue Motivation und verstärkt seine Kreativität. Wer freie Zeit ohne schlechtes Gewissen verbringt, hört auf, das Leben auf später zu verschieben.

Arbeitseifer ohne Ruhepausen schadet

Neil Fiore, der an der Universität Berkeley in Kalifornien mit Studenten und Doktoranden arbeitet, stellte fest, dass es zwei Gruppen von Studierenden gibt. Die einen haben das Universitätsstudium abgeschlossen und schreiben in den nächsten zwei bis drei Jahren ihre Doktorarbeit. Diese Gruppe sorgt für genügend echte Freizeit.

Gesundheit und Erholung haben für sie Priorität. Sie absolvieren auch ein tägliches Sportprogramm, das Schwimmen, Laufen oder Tanzen beinhaltet.

Sie treffen sich mit Freunden, verabreden sich zum gemeinsamen Essen, werden ausreichend motiviert und haben genug Kraft und Energie für ihre Arbeit.

Die andere Gruppe der Doktoranden ist ständig mit ihrer Arbeit beschäftigt und schiebt alle übrigen Dinge beiseite. Diese Menschen haben einen leeren Terminkalender, weil sie nur arbeiten. Partys, Freunde und Sport haben sie abgesetzt, um für ihre Doktorarbeit voll präsent zu sein. Sie haben ein schlechtes Gewissen, wenn sie Zeit mit Freunden verbringen. Bei der Arbeit sind sie gestresst und überfordert, weil ihnen Freizeit und Erholung fehlen. Ihre Wohnungen gleichen einem Schlachtfeld aus Papier, Büchern, leeren Kaffeepackungen und ungespültem Geschirr.

Und der Psychologe stellt fest, dass viele fünf bis zehn Jahre für ihre Doktorarbeit benötigen. Sie haben das Gefühl, dass sie erst wieder das Leben genießen können, wenn alles vorbei ist. Darum schieben Dauerarbeiter und Arbeitssüchtige das Leben auf. Sie sind überzeugt, sie müssen Opfer bringen, Entbehrungen ertragen und das wirkliche Leben aufschieben.

Schieben wir ein „erfülltes Leben" auf?

Von Samuel Beckett, einem irischen Schriftsteller stammt das Theaterstück „Warten auf Godot". Im Grunde ist es eine Groteske. Zwei Männer, Estragon und Vladimir, warten auf Godot. Aber Godot kommt nicht. Zwei Akte hindurch warten sie vergeblich auf ihn.

Ist Godot die Erfüllung des Lebens?

Ist Godot das ersehnte Glück?

Ist Godot der Sinn des Lebens?

Ist Godot die Antwort auf alle Fragen?

Samuel Beckett schildert uns den Menschen auf seiner Suche nach Sinn, nach Inhalt, nach Erfüllung im Leben. Aber er gibt keine Antwort. Viele Leute suchen und verrennen sich. Warum sind östliche Religionen und die Esoterik so beliebt? Suchen nicht Menschen ein „erfülltes Leben"?

Suchen wir wirklich,

oder schieben wir die Antwort vor uns her?

Entschuldigen wir uns,

weil wir Wichtigeres vorhaben?

Schieben wir auf, weil die Arbeit uns auffrisst?

Wir haben als Christen die Antwort. Im Johannesevangelium gibt Jesus die Antwort auf alle Fragen nach Sinn und einem erfüllten Leben:

„Ich aber bringe das Leben – und dies im Überfluss." (Joh. 10,10)

Wir können darüber diskutieren,
wir können darüber philosophieren,
wir können darüber reflektieren.
Aber es passiert nichts.
Wir können es ausprobieren.
Jesus lädt uns dazu ein.

Nur wer sich auf IHN einlässt, kann die Fülle des wahren Lebens erfahren. Und er wird erstaunt sein, wie Hektik, negativer Stress, falscher Ehrgeiz und Überforderung von ihm abfallen.

Teil 2

Welche Einsichten und Strategien helfen, dem Aufschieben zu entfliehen?

Teil 2

Welche Einsichten und Strategien helfen, dem Aufschieben zu entfliehen?

Wir haben festgestellt: Menschen fliehen ins Aufschieben, weil ihr Selbstwertgefühl bedroht ist, weil sie dem Perfektionismus verfallen sind, weil sie sich überfordert fühlen, weil sie keine Fehler machen wollen und in ihren Augen Superleistungen bringen müssen, oder weil sie alles im Leben leicht und einfach gestalten wollen.

Festgestellt haben wir auch: Wer das Aufschieben gelernt hat, wer sich für das Aufschieben entschieden hat, kann es wieder verlernen, kann positivere Einstellungsmuster trainieren.

Es folgen jetzt eine Reihe Denkanstöße. Nicht jeder Denkanstoß trifft Ihre Situation. Prüfen Sie, welcher Gedanke Ihnen weiterhilft.

Noch ein wichtiger Hinweis:

Wenn viele Denkanstöße und Anregungen überhaupt keine Früchte zeigen und keine Besserung eintritt, kann Ihr Aufschiebe-Verhalten seelische Störungen beinhalten. Dann sollten Sie einen Therapeuten oder einen Facharzt aufsuchen, der Ihre Probleme klärt.

Das Aufschieben kann
- auf ein Aufmerksamkeits-Defizit-Syndrom (ADHS) hinweisen,
- durch Substanzmissbrauch verursacht sein,
- durch Depressionen, phobische, zwanghafte oder histrionische Störungen ausgelöst sein, die in der Regel eine längere Therapie voraussetzen,
- der Ausdruck eines „Messie-Verhaltens" sein. Diese Menschen pflegen einen schlampigen Umgang mit der Zeit, mit Ordnung, mit Sauberkeit und Verpflichtungen.

Diese psychischen Störungen sollten *auch und zusätzlich* von Fachkräften analysiert, diagnostiziert und therapiert werden.

Denkanstoß 1
Kontrollieren Sie,
wie Sie Ihre Zeit verbringen

Schauen Sie sich neben den Beweggründen für das Aufschieben Ihre *Gewohnheiten* an, wie sie Ihre Zeit verbringen und wo Sie überall aufschieben. Kontrollieren Sie Ihre Arbeitseffektivität und beobachten Sie Ihre Einstellungsmuster, die zeigen, wo Ihre Energien geblieben sind.

Führen Sie ein Aufschiebetagebuch!
Wenn Sie ein Aufschiebetagebuch führen, entdecken Sie leicht, worauf Sie Ihre Zeit verwenden. Stellen Sie sich dabei folgende Fragen:
- Was tun Sie, wenn Sie wirklich produktiv sind?
- Ertappen Sie sich bei einem blinden Aktionismus?
- Können Sie die Zeit einigermaßen gut abschätzen, wenn Sie ein Projekt in Angriff nehmen?
- Verzetteln Sie sich in Details?
- Welche Dinge schieben Sie vor sich her?
- Wenn Sie den Tag in vier Abschnitte einteilen (Vormittag, Nachmittag, Abend und die Schlafzeit), was fällt Ihnen auf?
- In welcher Zeit sind Sie am produktivsten?
- Wann sind Sie am wenigsten produktiv?

Führen Sie eine Prioritätenliste!

Es gibt auch die Möglichkeit, die Arbeit und die Aufgaben des Tages in eine Prioritätenliste einzuteilen. Die Liste enthält drei Kategorien:

- Sehr wichtig
- Wichtig
- Weniger wichtig

Unter Umständen helfen Ihnen drei Briefkörbe mit diesen Prioritäten. Der Wichtigkeit nach werden die Körbe bearbeitet.

Diese Einschätzung hilft Ihnen, nicht planlos und uneffektiv zu arbeiten, sondern Schwerpunkte zu setzen. Wann ist Ihre Schaffenskraft am größten? Wann lässt Ihre Konzentration nach? Wer die Zeitung liest, wenn die Schaffenskraft am größten ist, begeht einen großen Fehler.

Ein Ratsuchender, der nur halbe Tage arbeitete, aber gern die übrige Zeit sinnvoll gestalten wollte, erzählte mir, dass er nach dem Aufstehen und dem Frühstück etwa eine Dreiviertelstunde am Morgen die Zeitung lese. Erst dann fühle er sich motiviert, komme aber in der Regel am Vormittag zu nichts Wesentlichem. In der Regel ist aber der Morgen die Zeit der Konzentration und Energiefülle. Hier sollten Aufgaben mit höchster Priorität erledigt werden.

Der Ratsuchende sagte mir später, er habe versucht, die Zeitung erst am Abend zu lesen. Er sei insgesamt zufriedener und ruhiger, seit ihm die Umstellung gelungen sei.

Ein Aufschiebetagebuch zeigt Ihnen auch, welcher „Kleinkram" Sie am meisten stört. Ist es die Einkommensteuer? Ist es die persönliche Buchhaltung? Sind es Briefschulden? Was fällt Ihnen am schwersten? Was raubt Ihnen am stärksten die Lust? Es kann hilfreich sein, diese Dinge in die Kategorie „sehr wichtig" einzustufen und dafür die Zeit mit der größten Schaffenskraft zu verwenden.

Wer ein Aufschiebetagebuch führt, erfährt schon nach einer Woche schwarz auf weiß, wie er die Zeit verbringt.

Wo haben Sie Zeit vergeudet? Wo sitzen Ihre Schwachstellen? Wer oder was stört Ihre Konzentration? Was haben Sie unterbrochen, weil Sie fortwährend durch Telefonate, Besucher oder eigene Nebentätigkeiten abgelenkt wurden?

Wenn Sie die Auslöser für negative Gewohnheiten gefunden haben, sind Sie auch in der Lage, sich produktive Verhaltensweisen anzueignen. Nur was wir konkret registriert haben, verschafft uns den Spielraum, es – z.B. durch einen effektiveren Zeitplan – zu gestalten.

Denkanstoß 2
Eine positive Lebenseinstellung vertreibt das Aufschieben

Während ich an diesem Buch arbeite, sehe ich im Fernsehen einen Gottesdienst aus Wuppertal. Es treten einige Frauen aus der ehemaligen deutschen Kolonie in Kamerun auf, die über ihren Glauben sprechen. Diese Menschen demonstrieren mehr Fröhlichkeit und eine positivere Lebenseinstellung als viele Deutsche. Die Frauen berichten, dass sie das auch so in Deutschland erleben. Eine der Frauen sagt sinngemäß:

„Wir Menschen in Kamerun erfahren viel Leid. Durch die Klimakatastrophe vertrocknen unsere Felder. Der Regen bleibt aus, oder er bricht plötzlich mit Macht über uns herein. Wir trinken oft krankes und verseuchtes Wasser. Und immer wieder sterben Kinder, denen wir nicht helfen können. Aber in allem Leid preisen wir Gott für seine Größe und Stärke. Denn wir wissen, alles muss an ihm vorbei.

Wir tanzen und beten, wir singen und beten, unser gesamter Organismus verändert sich. In dieser Fröhlichkeit, die ER schenkt, bewältigen wir unser Leid. Im Tanzen, Singen und Loben verändern wir uns vom Scheitel bis zur Sohle. Wir befreien uns von Schmerzen und Leid. Wir begegnen dem Leben und den Menschen trotz Leid erfüllt und gesegnet."

Das heißt doch: Menschen, die im Innersten davon überzeugt sind, dass der lebendige Gott am Werk ist, auch wenn Leid, Not und Schmerzen uns überfallen, die singen und tanzen, erfahren an Leib, Seele und Geist eine Veränderung, die das ganze Leben bestimmt.

Der Mensch ist ein Ganzes. Leib, Seele und Geist sind untrennbar miteinander verbunden. Wenn die Seele schmachtet, schmachtet auch der Leib. Wenn wir *traurige Gedanken* haben, beeinflusst das auch den Leib.

Pessimismus lähmt – nicht nur die Seele.

Angst verspannt – nicht nur die Seele.

Freude belebt – nicht nur das Gemüt.

Lachen ist die beste Medizin

Seit Jahren macht eine neue Forschungsrichtung von sich reden, die Psychoneuroimmunologie. Ein Wortungeheuer. Es gibt das Wechselspiel zwischen seelischem Befinden, Nerven- und Immunsystem und der Funktionsweise des Gehirns auf allen Ebenen wider. Die Immunologie erforscht das Abwehrsystem des Menschen gegenüber Krankheitserregern. In der Tat: Stress,

Trauer, Einsamkeit, Enttäuschungen, seelische Verspannungen und depressive Verstimmungen schwächen die körperlichen Abwehrkräfte. Und das Gegenteil können wir auch wissenschaftlich belegen: Freude, Hoffnung, Glaube, Trost und Ermutigung stärken das Immunsystem. Der Glaube an den lebendigen Gott ist eine Kraftquelle für Leib und Seele.

Das heißt: Wer entmutigt, hoffnungslos und freudlos lebt, neigt viel stärker zum Aufschieben als der Fröhliche, Glückliche und Zuversichtliche. Der Lustlose schiebt alles vor sich her. Der Zufriedene und Getröstete packt die Dinge an und verstärkt seine zuversichtliche Einstellung.

Ich kann bestätigen, dass Menschen in Beratung und Seelsorge, die optimistisch, zuversichtlich und hoffnungsfroh an Probleme herangingen, weniger aufschieben und weniger über Belastungen klagen, die sie zur Seite legen.

**Unsere Vorstellungen
bestimmen Leib und Seele**

Unsere *Vorstellungen* sind eine Quelle der Angst oder aber eine Quelle der Sicherheit und des Vertrauens. Unsere Vorstellungen produzieren Bilder der Angst oder Bilder der Befreiung, des Trostes und der Ermutigung. Was wir uns beharrlich vorstellen, das entwickelt sich zur Tatsache. Wer viele Male am Tag betet und Herz und Gemüt von negativen Gedanken und Ängsten befreit, wird sich von Druck, von Ängsten und Abschiebevorstellungen entlasten.

Wir können sagen:
Du, Gott, erfüllst mein Denken
mit Mut,
mit Frieden
und innerer Sicherheit.
Du beschützt mich vor Versagensängsten,
vor Minderwertigkeitsgefühlen
und Selbstwertstörungen.
Du führst mich,
du hilfst mir, richtige Entscheidungen zu treffen.
Mit dir geht es überall weiter.
Weil du mir Kraft gibst,
muss ich nicht ängstlich
Dinge vor mir herschieben.
Amen.

Ich vertraue IHM und gehe.
Ich vertraue IHM und handle.
Ich denke an das Mut machende Wort des Paulus im Philipperbrief: „… ich setze meine ganze Kraft für dieses Ziel ein. Indem ich die Vergangenheit

vergesse und auf das schaue, was vor mir liegt …“
(Philipper 3,13).

Wer zögert und zweifelt, schiebt auf.
Wer nach hinten schaut,
hat Angst vor dem, was vor ihm liegt.
Der Vertrauende packt zu.
Er rechnet mit Gottes Beistand.

Denkanstoß 3
Machen Sie aus Problemen Geschenke!

In ihrem Buch „Vision der Straße" beschreibt Eileen Egan, eine Laienschwester, die dreißig Jahre bei den „Missionaren der Nächstenliebe" gearbeitet hat, Mutter Teresas positive Lebenseinstellung:

„Als ich ihr eines Tages eine Reihe von Problemen und Sorgen erzählt hatte, sagte sie: ‚Alles ist ein Problem. Warum nennen wir Probleme nicht Geschenke?' Damit setzte bei uns ein Sprachwandel ein. Kurz darauf flogen wir von Vancouver nach New York. Ich erfuhr zu meiner Bestürzung, dass wir den Flug unterbrechen und lange auf die Anschlussmaschine warten mussten. Als ich Mutter Teresa von dem ‚Problem' berichten wollte, biss ich mir noch rechtzeitig auf die Lippen und sagte: ‚Mutter, ich muss Sie über ein Geschenk in Kenntnis setzen. Wir müssen hier vier Stunden warten, und Sie werden erst sehr spät im Kloster ankommen.' Mutter Teresa ließ sich im Flughafen häuslich nieder und las in einem Andachtsbuch, einem ihrer Lieblingsbücher. Von da an wurden enttäuschende und schwierige Tagesordnungspunkte so angekündigt: ‚Wir haben hier ein kleines Geschenk' oder: ‚Heute haben wir ein besonders großes Geschenk.'"

Die positive Umdeutung

Es gibt eine Psychotherapierichtung, die mit der „positiven Umdeutung" arbeitet. Mutter Teresa beherrschte diese Kunst hervorragend. Wie viele Aufregungen und Befürchtungen ersparen wir uns, wenn wir alles aus Gottes Hand nehmen. Viele Probleme sind Herausforderungen Gottes, sind Anreize und Geschenke. Die Dinge kommen von IHM, also werden wir sie mit IHM bearbeiten.

Paulus hat sich auch nicht von Problemen und Befürchtungen aus dem geistlichen Gleichgewicht bringen lassen. Er ließ sich von Ängsten nicht ins Bockshorn jagen. Er ließ sich nicht entmutigen. Er ließ sich von Befürchtungen nicht das Konzept des Handelns wegnehmen. Er schob nichts auf und hörte ängstlich auf seine Zweifel.

Was tut der Mensch, der aufschiebt?

Er *glaubt* seinen Befürchtungen,

er *vertraut* seinen Ängsten mehr als Gottes Zusagen.

Wie sagte schon vor einigen tausend Jahren der römische Kaiser und Philosoph Marc Aurel: „Nicht die Tatsachen bestimmen unser Leben, sondern wie wir sie *deuten*."

Das ist der springende Punkt. *Meine* Deutungen, *meine* Überzeugungen und *meine* Selbstreinreden bestimmen mein Handeln, mein Zögern, mein Aufschieben.

Was macht erfolgreiche Menschen erfolgreich?
Auch erfolgreiche Menschen haben Misserfolge, Enttäuschungen und Pleiten erlebt. Aber eins zeichnet sie aus:

Sie haben aus ihren Fehlern gelernt,
sie stehen immer sofort wieder auf,
sie lernen, wie sie es besser machen können.
Viele Aufschieber fühlen sich hingegen als Versager.

Der Versager hat einmal eine Niederlage erlebt, und redet sich ein, ein Versager zu sein. Er glaubt daran, er unternimmt nichts mehr. Er weicht aus und hat sein Selbstvertrauen aufgegeben. Er glaubt nicht mehr an einen Neuanfang. Er hat sich selbst mit einer Lüge indoktriniert.

Der Erfolgreiche weiß: Fehler gehören zum Leben, Irren ist menschlich. Enttäuschungen sind dazu da, uns gründlicher nachdenken, besser planen und Fehler als hilfreiche Stolpersteine bewerten zu lassen.

Der Versager schaut auf den Fehler, der unentschuldbar ist, der niemals hätte passieren dürfen. Er macht aus dem Fehler eine Katastrophe und redet sich selbst ein, dass er niemals erfolgreich sein wird.

Jeder lernt in der Praxis, was notwendig ist, wenn er einen Unfall gehabt hat. Die Angst sitzt ihm im Nacken. Jetzt ist es wichtig, wieder zu fahren, sich wieder ins Auto zu setzen, um die aufkommenden Ängste durch erfolgreiches Fahren zu besiegen. Der Versager steigt unter Umständen nie wieder ins Auto. Ein entscheidender Fehler. Er kultiviert die Angst, die ihn lähmt und ohnmächtig macht.

Denkanstoß 4
Einsicht ist ein erster Schritt

Die Einsicht, dass die Symptome der Aufschieberitis *irrational* sind, ist für Betroffene wichtig. Einsicht ist einer der ersten Schritte zur
Veränderung.

Wer sich rechtfertigt, zeigt keine Einsicht
Manche Menschen wissen, dass ihre Gedanken,
Befürchtungen und Ängste unsinnig und übertrieben sind. Die Einsichtsfähigkeit ist auch
vom Seelsorger schwer einzuschätzen, weil der
Ratsuchende viele Rechtfertigungen und Ausreden
liefert. Er glaubt,
 - er müsse aufschieben,
   weil er sonst zusammenbrechen würde,
 - er müsse aufschieben,
   weil er ein perfektes Produkt abliefern will,
 - er müsse aufschieben,
   weil er keine eindeutige Lösung kennt
 - und viele andere Rechtfertigungen.
Je geringer die Einsicht eines Menschen in seine irrationalen Praktiken, desto kleiner die Motivation,
sich zu ändern. Wer zur Einsicht nicht fähig ist,
wird an allen Hilfestellungen zweifeln. Als Christ
wird er das Gebet nicht mit letzter Überzeugung

praktizieren. Der Glaube an sich und an Gottes Hilfe ist weggeschmolzen. Zweifel und Resignation tun ein Übriges, eine Veränderung zu blockieren.

Ist es überhaupt nicht möglich, an einer Einsicht zu arbeiten, muss eine Depression in Betracht gezogen werden. Dann sind die Ängste und Befürchtungen unter Umständen krankheitsbedingt.

Die Lebensgeschichte des Menschen offenbart, welche Schlüsse er gezogen hat

Hilfreich ist es, die Lebensgeschichte aufzudröseln, um alle Einschnitte zu finden, die das Aufschieben gefördert und bestimmt haben. Wenn dem Betroffenen dann seine Entscheidungen, die er bei bestimmten Erlebnissen getroffen hat, bewusst werden, kann er selbst überprüfen, ob diese Entscheidungen sinnvoll oder weniger sinnvoll waren.

Insgesamt: Ohne Einsicht in Entscheidungen, die bei bestimmten Anlässen getroffen wurden, ist eine Lebensstiländerung nicht zu erwarten. Wer allerdings bestimmte Schlüsse, die er gezogen hat, in Frage stellen kann, ist zugänglich für neue Überlegungen und für hilfreichere Lösungen.

Denkanstoß 5
Ändern Sie Ihre Einstellung

Der vor Jahren verstorbene Psychiater Viktor E. Frankl hat eine Therapie entwickelt, die vornehmlich die *Einstellung* des Ratsuchenden zum Problem im Auge hat. Seine Therapie ist keine symptomatische; im Gegenteil, sie kümmert sich nicht viel um das Symptom, sondern wendet sich an die Person des Ratsuchenden – und zwar so, dass sie um eine Änderung seiner *Einstellung* zum Symptom bemüht ist.

Einstellungsänderung ist das Ziel seiner Logotherapie. Einstellungsänderung ist aber auch das Ziel der Bibel. Sie nennt es Buße, Gesinnungsänderung, Umkehr.

„Doch all das überwinden wir durch den, der uns geliebt hat." (Röm. 8,37)

Die Einstellungsänderung beinhaltet auch eine Sichtänderung. Wer auf das Aufschieben schaut, wird vom Aufschieben hypnotisiert. Wer auf Christus schaut und sich rückhaltlos auf ihn verlässt, der erlebt Beistand und Befreiung.

Ich entscheide mich,
das Positive im Leben zu sehen

Im Fernsehen hörte ich eine Predigt von Dr. Robert Schuller, die in der Sendung „Hour of Power" ausgestrahlt wurde. Ich kann die Geschichte nur unvollkommen wiedergeben, aber ein entscheidender Gedanke ist mir geblieben:

Da war eine alte Dame, die nach dem Tod ihres Gatten in ein Altersheim musste. Sie saß im Rollstuhl. Und eine Pflegerin sagte zu ihr, dass sie ihr jetzt ihr neues Zuhause zeigen würde. Auf dem Weg durchs Haus erzählte die Pflegerin, dass das Zimmer wunderschöne Vorhänge mit Stickereien hätte und sehr freundliche Bilder an den Wänden hingen. Da strahlte die alte Dame im Rollstuhl, und die Pflegerin fragte sie überrascht: „Sie haben das Zimmer doch noch gar nicht gesehen, und Sie freuen sich schon. Das verstehe ich nicht."

Die alte Dame sagte sinngemäß: „Ich habe mich im Angesicht Gottes ganz klar entschieden, mich über das Zimmer zu freuen, und meine Entscheidung wird meine Zufriedenheit beeinflussen."

Wer das Positive sehen will,
wird das Positive sehen.
Wer sich entschieden hat,
dankbar zu sein, wird sich dankbar erleben.

Wer davon ausgeht,
dass alles an Gott vorbei muss,
der wird auch in Belastungen
und mit Schmerzen Gottes Weg mit ihm sehen.
Wer begriffen hat,
dass Aufschieben eine Flucht bedeutet
und eine Methode ist, sich zu schützen
und Beurteilungen aus dem Wege geht,
der wird eine neue Sicht eintrainieren,
der wird an sich glauben
und wird bessere Lösungen anstreben.

Die positive Umdeutung

Der iranische Psychotherapeut Nossrat Peseschkian ist Vorsitzender der deutschen Gesellschaft für Positive Psychotherapie. Er sieht nicht in erster Linie die Schwächen, die Fehler und Krankheiten, er sieht die Möglichkeiten, die Chancen und Fähigkeiten.

Alle Störungen und Konflikte haben im Leben und in der Umgebung des Betroffenen eine positive Funktion.

Das Wort „positiv" ist abgeleitet vom Lateinischen *positum* = das Tatsächliche / das Vorgegebene. Vorgegeben sind nicht die Störungen und Konflikte, sondern die Fähigkeit, mit den Konflikten umzugehen.

Menschen, die aufschieben oder Dinge vor sich herschieben, verstehen es meisterhaft, sich das Leben
leicht zu machen. Sie können den Anforderungen
der Gesellschaft aus dem Wege gehen. Sie können
dem negativen Stress ausweichen. Viele andere
können das nicht. Die Aufschieber müssen nicht
alles erstklassig machen. Sie verstehen es, viele
überflüssige Arbeiten, die sie überfordern, beiseite
zu legen. Das ist die positive Seite.

Wenn der Mensch jetzt lernt, Wesentliches und
Unwesentliches zu unterscheiden, Überflüssiges,
das nur belastet, auszugrenzen, der wird mit dem
Aufschieben fertig.

Denkanstoß 6
Lernen Sie, Wesentliches von Unwesentlichem zu unterscheiden

Viele Aufschieber haben sich verzettelt. Sie wollen *alles* regeln und erledigen und überfordern sich. Wer zum Multitasking neigt, also zum Erledigen von mehren Dingen gleichzeitig, wird in negativen Stress geraten.

Wir leben in einer hektischen Zeit. Alles geht schnell und rasant. Die Schnelllebigkeit der Zeit bringt es mit sich, dass wir zu wenig Zeit zum *Nachdenken* finden. Der Einkauf geschieht in Windeseile.

Informationen erschlagen uns

Auf der anderen Seite werden wir mit unzähligen Informationen in der Zeitung, im Fernsehen, im Kaufhaus und in der Stadt überschüttet.

Uns schwirrt der Kopf vor Nachrichten, die wir vor Augen haben oder die uns in die Ohren dröhnen. Hilfreiches und Unsinniges stehen nahtlos nebeneinander. Wichtiges und Unwichtiges werden ungeprüft über uns ausgeschüttet.

Leider haben wir kein sicheres Gespür dafür, das Notwendige und das Überflüssige sauber zu trennen.

Wir werden vereinnahmt, wir werden umworben, wir fallen auf Tricks raffinierter Verkäufer herein.

Menschen, die alles erfassen wollen, die nichts versäumen dürfen, überfordern sich. Sie kommen an ihre Grenzen. Sie wollen nicht aufschieben und landen im Burnout.

Was sind die versteckten *Ziele* hinter diesem Verhalten? Was sind die *Motive*, die diese Lebenseinstellung fördern?

Wer *alles* wissen will,
wer sich um *alles* kümmert,
wer *alles* im Blick behalten will,
 - spielt häufig den Boss,
 - muss den Überblick behalten,
 - muss alles im Griff haben,
 - spielt bewusst oder unbewusst seine Macht aus,
 - will sich nichts aus der Hand nehmen lassen.

Wer diesen Anspruch an sich lebt und diesem Ehrgeiz huldigt, belastet sich mit negativem Stress. Er wird zum Aufschieben und Wegschieben gezwungen, wenn er sich nicht ruinieren will.

Der griechische Philosoph Sokrates, er lebte von 469-399 vor Christus, befand sich einst mit einer

Gruppe von Schülern in Piräus, dem großen, geschäftigen Hafen von Athen. Nachdem er eine Weile dem lebhaften Treiben zugeschaut hatte, sagte er zu seinen Schülern:

„Wie viele Dinge gibt es doch auf unserer bunten Welt, die ich nicht brauche!"

Sokrates ist zu beneiden. Seine Lebenseinstellung war beglückend. Er konnte verzichten, er konnte stehen lassen, er konnte *lassen*.

Und dieses Lassen gibt Gelassenheit. Wer gelassen ist, kommt nicht unter Druck und muss nicht aufschieben.

Die Geschichte von Maria und Martha

Jesus sagte unmissverständlich:

„Eins ist notwendig."

(vgl. Lukas 10,38-42)

Alle anderen Dinge sind zweitrangig,

alles, was uns gefangennimmt, beunruhigt

und innerlich auffrisst, gehört ins zweite Glied.

Maria und Martha sind ein klassisches Beispiel in der Bibel für Notwendiges und Zweitrangiges. Martha opfert viel Zeit, um dem Gast seinen Aufenthalt schön zu machen. Mit viel Fantasie und Energie hat sie die Stunden mit Jesus vorbereitet. Aber das Wort des Lebens kann sie nicht vernehmen, denn sie ist beschäftigt.

Was sind ihre Motive,
wenn wir so fragen dürfen?
Sie ist der Helfertyp,
sie ist der Kümmerer,
sie ist der Mensch, der sich Sorgen macht.
Wir brauchen überall diese Menschen. Sie packen zu, sie sind aktiv und machen sich nützlich. Häufig praktizieren sie die Nächstenliebe über Gebühr, vernachlässigen sich und nehmen den anderen wichtiger.

Was sind die Nachteile des „Helfertyps"? Was muss er beachten? Im nächsten Denkanstoß soll das besprochen werden.

Denkanstoß 7
Arbeiten Sie an den Motiven
Ihres Helfersyndroms

Das Gebot des Alten und Neuen Testaments lautet: „Liebe deinen Nächsten wie dich selbst."

Das Gebot der Liebe schließt egoistisches Handeln und Denken aus. Es gibt aber Leute, die aus der Liebe ihren eigenen Nutzen ziehen. Das ist egoistische Liebe. *Wozu* tut der Mensch das?

Er liebt jemanden, damit er selbst glücklich wird,
er liebt jemanden, damit er gesehen wird,
er liebt jemanden, damit er bewundert wird,
er liebt jemanden, damit er wieder geliebt wird.

Wie lauten die Motive Ihrer Arbeitssucht?
Viele Menschen, die sich als Christen bezeichnen, leiden unter Arbeitssucht und erleiden einen Burnout. Tun sie alles nur für den Herrn und erwartet das unser Herr von uns? Nein.

Wir dienen ihm, ohne dass wir uns unsere Seligkeit verdienen können. Wir lieben ihn, ohne dass wir uns seine Liebe durch Opferbereitschaft einhandeln können.

Wolfgang Schmidbauer, der ein ganzes Buch über „Die hilflosen Helfer" geschrieben hat, formuliert in einem anderen:

„Ein Beispiel sind die erotischen Beziehungen vieler Menschen in helfenden Berufen: Die wünschenden, spontanen Kräfte treten zurück; an ihre Stelle tritt das Streben, Bedürfnisse des Objekts zu erfüllen, welches das Ich-Ideal des selbstlosen Helfers zulässt." [1]

Das Ich-Ideal ist ein Ausdruck Freuds, der mehr oder weniger identisch ist mit dem Begriff des Über-Ichs. Das Ich-Ideal ist ein Anspruch, an dem sich das Ich messen lassen muss.

Der Helfer will die Bedürfnisse des Objekts, des Hilfsbedürftigen erfüllen. Das *Helfer-Syndrom* ist das *Bedürfnis* des Seelsorgers, Beraters oder Therapeuten, auch der Kindergärtnerin, des Sozialarbeiters und des Menschen, der anderen helfen will, dem anderen entgegenzukommen, ihm beizustehen, sich beliebt zu machen, sich in den Mittelpunkt zu stellen. Schon überfordert sich der Helfer. Schon überschreitet er seine gesundheitlichen Grenzen.

Dr. Viktor Louis, Arzt und viele Jahre Direktor des Alfred-Adler-Institutes in Zürich, nannte dieses Streben „die Geltungsneurose des Helfers."

Was können Sie als Betroffener tun?
Eine Überzeugung kann Ihnen helfen:
So wie Sie sind, sind Sie gut genug.

Die geistliche und therapeutische Heilung von Selbstwertstörungen und Minderwertigkeitsgefühlen liegt in diesem einen Satz.

Dieser Satz ist die Basis für Ihre Selbstsicherheit.
Dieser Satz schafft eine Befreiung
an Leib, Geist und Seele.
Dieser Satz befreit Sie
vom ungesunden Leistungsprinzip.
Dieser Satz befreit Sie vom Perfektionismus.
Dieser Satz befreit Sie von der Arbeitssucht.

Der Mensch ist nicht gut
– Gott allein ist gut –
aber *gut genug*.
Warum ist der Mensch gut genug?
Weil er zu Gott gehört,
weil Gott ja zu ihm gesagt hat,
weil Gott ihn gerechtfertigt hat,
weil Gott ihn so recht sein lässt.

Dieser Satz schenkt Selbstannahme, Befreiung von Minderwertigkeitsgefühlen. Der Mensch darf Ja sagen zu seinen Eigenarten, zu seinen Schwächen, zu seinen Fähigkeiten und zu seinen Grenzen. Er muss sich nicht mehr jeden Tag beweisen, muss nicht mehr jeden Tag mit Hochleistungen glänzen, er muss nicht mehr imponieren, und er muss sich nicht mehr überfordern.

Dieser Satz schafft Gelassenheit und Ausgeglichenheit. Er bestätigt unser Selbstvertrauen. Er bestätigt unseren Selbstwert.

Je gelassener und in sich ruhend der Mensch lebt und arbeitet, desto weniger muss er aufschieben, abschieben oder vor sich herschieben.

Denkanstoß 8
Geben Sie Ihr falsch verstandenes
Leistungsprinzip auf

Das Helfersyndrom ist mit dem *Leistungsprinzip* eng verknüpft. Seit den Tagen der Reformation befindet sich ein Teil des christlichen Abendlandes auf stetigem Erfolgskurs. Hier entwickelte sich der Gedanke des Merkantilismus und des Frühkapitalismus, hier nahm die industrielle Revolution ihren Anfang.

Segnet Gott besonders die Erfolgreichen?

Insbesondere Calvin hat seine Lehre so interpretiert, dass sie zu einem Ansporn rastloser Berufsarbeit wurde. Wer seine Güter mehrt, wer erfolgreich ist, den hat Gott auserwählt. Das rationale Prinzip des Utilitarismus – gut ist nur das, was mir materiellen Erfolg bringt – setzt sich bis heute durch. Der persönliche Erfolg des Selfmademans wurde zunächst zum Ideal des puritanischen Amerika und später der gesamten westlichen Welt.

Michael Titze hat dieses Leistungsstreben so kommentiert: „Wir haben Grund zu der Annahme, dass es Schamangst ist, die zu dieser übermäßigen Leistungssteigerung antreibt. Sie geht einher mit der oft ganz unbewussten Überzeugung: Nur wenn ich etwas ganz Herausragendes leiste, zeige ich Gott und der Welt, das ich etwas wert bin und mich meiner selbst nicht zu schämen brauche!"[2]

Minderwertigkeitsgefühle und Selbstwertstörungen bewegen dazu, sich zu übernehmen. Das Leistungsprinzip soll die Mängel ausgleichen. Die Schwächen werden übertrieben, also werden die Leistungsansprüche auch übertrieben.

Viele Christen idealisieren das Leistungsprinzip

Das Leistungsprinzip hat den christlichen Glauben unterwandert. Wie hat es der Theologe Prof. Dr. H. Thielicke formuliert: „Das Leistungsprinzip ist christlich getauft worden. Es hat seine sündhafte Struktur eingebüßt. Heute gehört es zu den Tugenden, die in der Kirche anerkannt sind. Leistungsstreben ist Dienst an der Gemeinschaft. Der Teufel ist mit dieser Entwicklung sehr zufrieden."

Das trifft den Nagel auf den Kopf. Für meine Begriffe ein ausgezeichnetes Beispiel für die Feststellung, dass der Antichrist aus der Kirche kommt, nicht aus dem Atheismus.

Was hat nun das Leistungsprinzip mit dem Aufschieben zu tun? Aus Angst, die geforderte Leistung nicht gut genug zu bringen und Schwächen zu zeigen, wird das Projekt nicht in Angriff genommen.

Diese Abwehrmethode soll das Selbstwertgefühl vor Beschämung schützen. Hinzu kommt, dass Perfektionisten unter den Leistungsstarken besonders gefährdet sind, weil sie den Anspruch haben, vollkommene Ergebnisse zu produzieren.

Wer groß rauskommen will, setzt sich hohe Ziele, strebt die *Vollkommenheit* an, läuft einem Idealbild nach. Entdeckt er aber Defizite, gibt er auf, schiebt auf und verliert den Glauben an die hohen Ziele.

Denkanstoß 9
Verabschieden Sie sich vom Vollkommenheitsstreben

Ein amerikanischer Psychiater hat den Lebensstil vieler Menschen und Christen so charakterisiert: „Nobility – no ability." Wenn ich das englische Wortspiel frei übersetze, meint es: Das Nobelste, das Edelste, das Idealste auf der einen Seite – Unfähigkeit und Resignation auf der anderen.

Wer *Vollkommenheitsideen* nachrennt und moralischen Überansprüchen nachsinnt, landet in der Ohnmacht. Er gibt auf und muss alles weit wegschieben.

Was versteht die Bibel unter Vollkommenheit?
Nun gibt es nicht wenige Christen, die das Vollkommenheitsstreben für biblisch und von Gott gewollt halten. Sie zitieren das Neue Testament, wo es heißt:

„Nein, ihr sollt vollkommen sein, weil euer Vater im Himmel vollkommen ist." (Mt. 5,48)

Der Text steht in einem Zusammenhang. Jesus nimmt Bezug auf das Vorhergehende. Die Jünger sollen die Feinde mit heißem Herzen lieben. Mit unserer Kraft können wir keinen Feind lieben. Ohne IHN bleibt unsere Liebe unvollkommen.

Das griechische Wort im Urtext, das fast immer mit ‚vollkommen‘ übersetzt wird, lautet *teleios* (von *telos* = Ziel / Ende). Es steht also gar nicht die Makel- oder Fehlerlosigkeit im Vordergrund. Man sollte eher „reif" oder „vollendet" sagen. Wenn Jesus seinen Jüngern gebietet, sie sollen „vollendet" sein, dann würde das in heutiger Sprache vielleicht so klingen: „Werdet reif, werdet so, wie Gott euch geplant hat."

Vollkommenheit meint keine Fehlerlosigkeit

Der Zusammenhang des Bibelwortes über die Vollkommenheit macht deutlich, dass kein *Perfektionismus* gemeint sein kann, sondern geistliche Reife, ein vollendetes Verhalten, wie Christus es von Menschen erwartet, die sich der Herrschaft Gottes und seinen Maßstäben unterstellen.

Wer Perfektionismus und damit Fehlerlosigkeit anstrebt, redet der Selbsterlösung das Wort. Christus ist aber für Sünder gestorben und nicht für Perfektionisten, die Fehlerlosigkeit auf ihre Fahnen geschrieben haben.

Eine andere Auslegung stammt von dem katholischen Theologen Karl Rahner. Er formuliert:

„Seid vollkommen wie euer Vater im Himmel. Gemeint ist: ‚Seid ungeteilt.‘ Ihr könnt nicht Gott und dem Mammon dienen."

Viele Christen halten es so:
Gott *und* einige Lieblingsgötter,
Gott *und* der Fußball,
Gott *und* das Geld.
Das ist personifizierte Unvollkommenheit.
Wir tragen auf zwei Schultern.

Gönnen Sie sich eine persönliche Freude

Perfektionisten werden gern als Menschen beschrieben, deren Leben reich an Leistung, aber arm an Freude ist. Wer die Perfektion im Auge hat, kann keine Freude empfinden, denn er findet pausenlos ein Haar in der Suppe. Kritiker des Perfektionisten sagen sogar, dass sie so lange ihren Kopf schüttelten, weil sie ständig Fehler und Unvollkommenheiten entdecken, bis tatsächlich Haare in die Suppe fallen.

Perfektionisten müssen die Erfahrung machen, dass es schöne Dinge gibt, für die es sich lohnt zu leben. Stehen Sie eine Stunde früher auf und lesen gemütlich die Zeitung. Trinken Sie nach dem Essen einen schönen Espresso. Gehen Sie mit Ihrem Partner eine Stunde spazieren. Gönnen Sie sich ein Konzert, das Ihnen Freude macht.

Wer nur sein perfektes Tun im Auge hat, gönnt sich keine Lust mehr, schiebt alle Vergnügungen vor sich her. Bauen Sie systematisch Treffen mit Freunden, Gespräche mit der Familie, Spiele zur Entspannung in Ihren Alltag ein. Diese Ruhepausen und Tankstellen der Freude sind Hilfen, lockerer und gelassener zu werden.

Denn Perfektionismus ist eine schlimme Selbstquälerei. Nur in kleinen Schritten können Sie Leib, Seele und Geist entstressen.

Ersetzen Sie irrationale Überzeugungen durch biblische Wahrheiten

Die „kognitive Seelsorge", wie sie von überzeugten Christen praktiziert wird, die Therapieangebote aus der Rational-Emotiven-Therapie und der Verhaltenstherapie übernommen hat, ist bemüht, irrationale Überzeugungen durch biblische Wahrheiten zu ersetzen.

Sie haben ein Drei-Punkte-System für die therapeutische Seelsorge herausgearbeitet, das hilft, Aufschiebestörungen effektiv anzugehen:

1. Stellen Sie Ihren Irrglauben
   in Gedanken und Selbstgesprächen genau
   fest.
2. Stellen Sie Ihren Irrglauben
   ganz entschieden in Frage.
3. Ersetzen sie Ihren Irrglauben
   durch die Wahrheit.

Wie können diese irrationalen Vorstellungen lauten?
- Ich muss, um von Menschen anerkannt zu werden, unbedingt perfekt und vollkommen sein.
- Ich muss, um von Gott geliebt zu werden, vollkommen als Christ handeln.
- Ich selbst will das Ideale und Vollkommene. Mit halben und unvollkommenen Dingen und Menschen will ich mich nicht abgeben.

Wer das schafft, braucht Christus nicht mehr. Ein Leben ohne Sünde ist unmöglich. Gott liebt uns in Christus als Sünder und als Unvollkommene.

Weil wir selbst unvollkommen sind, müssen wir uns auch mit unvollkommenen Menschen und Zielen zufrieden geben. Diese Einsicht muss trainiert und erbeten werden.

Denkanstoß 10
Wer das Aufschieben vermeiden will,
muss lernen Nein zu sagen

Welche versteckten Absichten verfolgt der Jasager?

Es gibt unzählige Menschen, die ihrer Meinung nach schlecht Nein sagen können. Warum können sie das nicht?

Sie sagen Ja, um zu gefallen,
sie sagen Ja, um nicht anzuecken,
sie sagen Ja, um geliebt zu werden.

Das Ansehen bei anderen Menschen ist ihnen wichtiger als die Gesundheit. Sie wollen gemocht werden und kommen dadurch stark unter Druck.

Neil Fiore schreibt:

„Nein zu sagen ist eine wichtige Übung für Aufschieber. Denn damit wird die Wahrscheinlichkeit geringer, dass sie sich unnötigerweise eine Aufgabe aufdrängen lassen, nur um einen persönlich empfundenen Mangel an Selbstwert wettzumachen. Ein klares und konsequentes ‚Nein‘ klärt die Luft viel schneller als ein passives ‚Ja, ich werde wohl müssen‘, gegen das sie dann in Form von Aufschieben aufbegehren." [3]

Wie lauten die Vorteile des Neinsagens?

Wer Nein sagen kann,

- lernt, Entscheidungen zu treffen,
- lernt, nicht perfekt sein zu müssen,
- lernt, sich nicht zu viel aufzuladen,
- lernt, sich nicht zu sehr abhängig zu machen.

Wer sich überfordert, ist gezwungen, Dinge vor sich her zu schieben. Wer nicht nein sagen kann, packt sich aus Geltungssucht Lasten auf die Seele, die ihm eines Tages zum Aufschieben oder zum krank werden zwingen.

Dürfen Christen Nein sagen?

Der Chefarzt der psychiatrischen Klinik Sonnenhalde, Dr. Samuel Pfeifer, schreibt im Vorwort zu einem Buch:

„Darf ein Christ auch einmal Nein sagen? Darf man sich einer Bitte um Hilfe verschließen? Ist es nicht Christenpflicht, Nächstenliebe zu üben, selbst wenn sie ein Opfer bedeutet?

In meiner ärztlichen Tätigkeit begegne ich immer wieder Menschen, die daran zerbrechen, dass sie keine klaren Grenzen setzen. Sie geben nach, sagen nie Nein und überfordern sich in einem Maße, das zu einer Depression führt."[4]

Samuel Pfeifer geht davon aus, dass es in der Bibel Situationen gibt, in denen nur ein Nein die richtige Antwort ist. Er schildert das Gleichnis von den fünf klugen und den fünf törichten Jungfrauen. Als es Mitternacht wurde, kamen die fünf törichten Jungfrauen zu den klugen und baten um Öl für ihre Lampen. Sie antworteten mit Nein: „… sonst würde es für uns und für euch nicht genug sein; geht aber zum Kaufmann und kauft für euch selbst." (Mt. 25,9)

In der Tat: Nein sagen muss man trainieren. Und die Betroffenen müssen lernen, mit enttäuschten Reaktionen der anderen richtig umzugehen. Sie müssen lernen, mit unangebrachten Schuldgefühlen fertig zu werden. Sie müssen lernen, mit ihrem fragwürdigen Helfersyndrom vor Gott und vor sich selbst ins Reine zu kommen.

Denkanstoß 11
Praktizieren Sie das „Truth-System"

Das Truth-System[5] (engl. Truth = Wahrheit) stammt vom dem amerikanischen Psychiater Chris Thurman. Es ist eine Übung, bei der jeder Buchstabe eine Rolle spielt. Dieses System soll Ihnen helfen, mit den Motiven, die zum Aufschieben führen, fertig zu werden und Idealismus, Arbeitssucht sowie den Zwang zur Perfektion abzulegen.

T Das *T* steht für den „auslösenden Tatbestand", also für ein Ereignis oder eine Situation, die Ihnen widerfährt. Sie sind arbeitslos geworden, Sie sind über Ihre Unvollkommenheit entsetzt, Sie sind außer sich, weil Ihnen ein Fehler unterlaufen ist.

R Das *R* steht für Reflexion oder Lüge. Wie lauten Ihre Reflexionen, Lügen oder Ausreden, die für Ihre ungesunden Reaktionen (U) verantwortlich sind? Beispiel: „Ich kann nichts für meinen Jähzorn, darum habe ich zugeschlagen."

„Die Frau, die Du mir gegeben hast, hat
mich verführt!"
Wie lauten Ihre Lieblingslügen oder Ihre
Lieblingsausreden?

U Das *U* steht für „ungesunde Reaktion".
Sie reagieren emotional,
sind wütend und verzweifelt,
weil Ihnen ein Fehler unterlaufen ist.
Sie sind verspannt,
reagieren mit beschleunigtem Herzschlag,
vielleicht mit Bluthochdruck,
mit beschleunigtem Atem usw.
Sie machen sich verrückt,
niemand anders, nur sie selbst.

T Das *T* steht für Truth=Wahrheit.
Sie stellen sich der Wahrheit
über den auslösenden Punkt.
Sie sind arbeitslos geworden.
–Das ist schlimm, aber keine Katastrophe.
Ihnen ist ein dicker Fehler unterlaufen.
–Auch das ist kein Grund zum Verzweifeln.
Sie müssen nicht
mit einer tiefen Depression reagieren.
Sie müssen nicht
völlig resignieren.

Die Wahrheit sieht anders aus.
Die Wahrheit ist, dass Sie sich nicht mit
Lügen, an die Sie glauben, belasten müssen.
Die Wahrheit ist, dass Sie nicht alles hin-
werfen müssen, weil Sie ein Versager sind.

H Das *H* steht für „heilsame Reaktion".
Müssen Sie wieder bei einem
T-Tatbestand aus der Haut fahren?
Müssen Sie sich anklagen
und zum Versager erklären?
Müssen Sie mit Leib und Seele
in Spannung geraten?
Müssen Sie sich verrückt machen?
Wie können Sie gesünder reagieren?
Wie können Sie angemessener reagieren?
Wie können Sie gelassener reagieren?

Machen Sie die Probe!
Stellen Sie sich vor, Ihre Partnerin / Ihr Partner bit-
tet Sie, aus der Stadt etwas Wichtiges für sich mit-
zubringen. Sie schieben die Bitte vor sich her. Am
Abend gibt es Streit, weil Sie wieder mal eine wichtige Sache vergessen haben. Ihre Aufschieberitis
hat Ihre Beziehung schon oft schwer belastet.

Das ist also *T,* der auslösende Tatbestand, vor
dem Sie stehen. Stellen Sie sich die Fragen:

Wie werden Sie beim nächsten Mal reagieren?

_____

_____

_____

_____

Welche Emotionen werden sich dann einstellen?

_____

_____

_____

_____

*Welche veränderten, heilsamen Reaktionen
werden Sie praktizieren?*

_____

_____

_____

_____

Wie haben Sie reagiert? Konnten Sie hilfreiche Reaktionsmuster entwickeln?

Vielleicht war das nicht Ihr Problem. Dann wählen Sie jetzt ein Problem aus, das Ihnen auf dem Herzen liegt, das Ihnen Not macht, mit dem Sie zu kämpfen haben.

Praktizieren Sie das Truth-System. Es ist *eine* Hilfe, dem Aufschieben, dem Perfektionismus, dem Idealismus, den Minderwertigkeitsgefühlen und Selbstwertstörungen ernsthaft zu begegnen.

Denkanstoß 12
Sie können es nicht jedem recht machen

Wer es allen Menschen recht machen will,
sitzt zwischen allen Stühlen,
muss ein Wunder auf zwei Beinen sein,
wird sich überheben, übernehmen
und selbst zu Grunde richten.
Die Selbstüberforderung raubt ihm alle Kräfte.
Er richtet sich zu Grunde und *muss* aufschieben.

Von Herbert Bayard Swope las ich das herrliche Wort: „Ich kann Ihnen keine Formel für Erfolg geben, aber die Formel für Misserfolg kann ich Ihnen nennen – versuchen Sie, es jedem recht zu machen."[6]

Wie lauten die offenen und versteckten Motive für diese Einstellung?
Menschen mit solch abenteuerlichem Verhaltensmuster
  - benötigen über Gebühr Anerkennung,
  - wollen bewundert und akzeptiert werden,
  - brauchen mehr als andere
    Liebe, Vertrauen und Respekt.

Ich hatte vor Jahren den Schlagzeuger einer berühmten Band in der Beratung. Wenn die Gruppe in der Westfalenhalle in Dortmund auftrat, kamen über zwanzigtausend Besucher und Fans. Dieser ausgezeichnete Schlagzeuger, der immer noch jeden Tag einige Stunden übte, hatte ein Problem.

Wenn das Konzert vorbei war und die Menschen jubelten, schaute er abwartend in den großen Saal. Er brauchte nur einige wenige Besucher zu entdecken, die nicht klatschten und begeistert waren, dann reagierte er unzufrieden und konnte sich nicht freuen. Er litt an der Unvollkommenheit der Band, die es nicht vermocht hatte, *alle* zu begeistern.

Er war ein unglücklicher Mensch, er ruinierte seine Gesundheit. Immer wieder fiel er für Stunden oder Tage aus. Als er im Rahmen der Beratung die Einsicht gewann: „Ich kann es nicht jedem recht machen, ich belüge mich selbst", ging es ihm etwas besser.

Er war einem Mangel an Liebe in der Kindheit und Jugend zum Opfer gefallen. Mit einem Riesenanspruch an die Welt versuchte er, diesen Mangel auszugleichen. Als er das mehr und mehr realisierte, konnte er schließlich über seine Maßstäbe lachen.

Was können die Auslöser für eine übertriebene Erwartungshaltung sein?

Wer als Kind von den Eltern ignoriert wurde und wer es sich einredet, ignoriert worden zu sein, der fühlt sich gezwungen, diesen Mangel an Liebe und Anerkennung nachzuholen. Wer nicht genug gelobt und bestätigt wurde, versucht später im Leben, andere dazu zu bewegen, ihn zu mögen, ihn zu lieben.

Auch der Arbeitssüchtige ist häufig ein Mensch, der sich durch übermäßiges Arbeiten, auch durch Fürsorge und Dienst an anderen, beliebt machen will. Er will gefallen und imponieren. Der Arbeitssüchtige strengt sich über Gebühr an, um anzukommen. Im Hintergrund lauern ein Minderwertigkeitsgefühl, ein Mangel an Bestätigung und Liebe. Wer Anerkennung nicht bekommen hat, will mit Anerkennungs*sucht* und Arbeits*sucht* ausgleichen.

In diesen Menschen haust eine Angst, andere könnten mit ihnen unzufrieden sein. Sie reagieren mit Angst, sie könnten versagen oder einfach nicht genügen. Für viele Menschen ist die Suche nach Anerkennung eine *Sucht*. Anerkennung ist wie eine Droge, die der Mensch am liebsten täglich hätte.

Was hilft bei Anerkennungssucht?

Schritt 1

Einsicht ist der erste Schritt zur Besserung, sagt das Sprichwort. Es ist nur *ein* Schritt, kein Zentimeter mehr. Aber dieser Schritt ist erforderlich. Ohne Einsicht keine Veränderung. Die Einsicht muss lauten: Ich rede mir ein, dass ich von allen Menschen gemocht werden muss. Ich rede mir ein, dass ich es allen recht machen muss. Diese Überzeugungen sind völlig irreal.

Schritt 2

Glauben Sie, dass die Menschen Ihrer Umgebung Sie mögen, ohne Sonderleistungen, ohne Arbeitssucht, ohne Helfersyndrom Ihrerseits? Glauben Sie, dass Sie liebenswert sind, ohne dass Sie sich in Unkosten stürzen? Oder glauben Sie, dass niemand Sie schätzt?

Schritt 3

Bemühen sie sich, neue Interessen zu entdecken, die Sie mit anderen Menschen zusammenbringen. Genießen Sie das Zusammensein, ohne dass Sie etwas leisten müssen. Wenn neue Beziehungen im Kirchenchor, im Sportverein, im Kegelklub oder im Literaturkreis Sie beanspruchen, müssen Sie nicht mehr Ihre Arbeitssucht, Ihren Arbeitseifer oder Ihr Helfersyndrom pflegen.

Schritt 4

Schauen Sie, dass Geben und Nehmen, Schenken und Beschenkt-werden einigermaßen im Gleichgewicht sind. Wer nur gibt, um geliebt zu werden, verausgabt sich. Wenn Sie Tagebuch führen, notieren Sie mal vier Wochen lang Ihre Beobachtungen, wie ausgeglichen beide Verhaltensmuster sind.

Schritt 5

Denken Sie als Christ daran: Sie sind Gottes geliebtes Kind, ohne dass Sie sich für Ihn umbringen müssen. Ich rede nicht der Passivität das Wort. Aber je mehr wir wissen, dass ER uns liebt, desto gelassener und ruhiger gehen wir an alles heran. Sie können sich schlecht zur Gelassenheit zwingen. Gelassenheit ist die *Folge* einer innigen Beziehung zu Gott. Wir reagieren auch zufriedener, weil ER unser Friede ist. Wir reagieren ruhiger, weil ER uns die Ruhe verschafft.

Denkanstoß 13
Wo ein Ziel ist, da ist immer auch ein Wille

Wir alle kennen das Sprichwort:

„Wo ein Wille ist, da ist auch ein Weg."

Wir fragen uns:

Und wenn kein Wille da ist?

Wenn die Willenskraft fehlt?

Viele Menschen leben plan- und ziellos vor sich hin. Weil sie kein Ziel haben, reagieren sie willenlos. Wer kein Ziel vor Augen hat, läuft im Kreis. Wie schrieb Christian Morgenstern:

„Wer vom Ziel nichts weiß, kann den Weg nicht haben, muss im selben Kreis all sein Leben traben."

Ohne Steuermann fahren wir ins Blaue
Die Dichterin Marie von Ebner-Eschenbach hat es ähnlich beschrieben:

„Das eilende Schiff,

es kommt durch die Wogen

wie Sturmwind geflogen.

Voll Jubel ertönt's

vom Mast und vom Kiele:

Wir nahen dem Ziele!

Der Fährmann am Steuer

spricht traurig und leise:

Wir segeln im Kreise."

Ohne Kompass ist unser Dasein eine Fahrt ins Blaue. Ohne einen Steuermann dreht sich unser Lebensschiff auf der Stelle. Ohne den lebendigen Gott lassen wir uns treiben. Ziellosigkeit ist Sinnlosigkeit.

Ohne Ziel verdoppeln wir unsere Anstrengungen

Mark Twain hat unsere Zeit treffend beschrieben: „Als wir das Ziel aus den Augen verloren, verdoppelten wir unsere Anstrengungen."

Twain hat Recht: Die Hektik unserer Zeit ist wie ein Barometer für die Ziellosigkeit. Je hektischer und nervöser wir leben, desto zielloser unsere Anstrengungen. Alle reden vom Fortschritt, aber es fehlt der Kurs, wohin wir fortschreiten sollen.

Der international bekannte Psychiater Viktor E. Frankl hat das bekannte Sprichwort „Wo ein Wille ist, da ist auch ein Weg" als falsch bezeichnet. Er hat eine Erfahrung dagegengesetzt: „Wo ein Ziel ist, da ist immer auch ein Wille."

Und wo kein Ziel ist? Der englische Philosoph und Atheist, Bertrand Russel, hat gesagt: „Solange man nicht annimmt, dass es einen Gott gibt, bleibt die Frage nach dem Ziel des Lebens sinnlos."

Wer Gott nicht im Leben auf seiner Rechnung hat, kann plan- und ziellos drauflos leben.

Wer seinen Willen zwingen will, wer seinen Willen antreiben will, hat keine Motivation. Wer Ziele anstrebt, die ihn faszinieren, hat entsprechende Energie. Wer ein Ziel hat, der engagiert sich. Wer ein Ziel hat, der geht mutig an die Aufgaben heran.

Was ist mit unseren guten Vorsätzen?
An Silvester werden von vielen Menschen gute Vorsätze gefasst.

„Ich will gesünder leben im neuen Jahr."

„Ich will das Rauchen aufgeben."

„Ich will das Aufschieben aufgeben."

Ende Januar spätestens haben sich die meisten Vorsätze in Luft aufgelöst. Es fehlte die Willenskraft. Für Menschen mit Aufschieberitis ist das Auseinanderfallen von Vorsätzen und deren Ausführung charakteristisch.

Wieder andere haben eine plausible Erklärung und Rechtfertigung gefunden, die sie heute an den modernen Erkenntnissen der Hirnforschung festmachen: Es gibt keinen freien Willen! Die Weichen für unseren Antrieb werden im „limbischen System" gestellt. Und dieses System ist durch Vorsatzbildung nicht beeinflussbar. Viele Menschen wollen ehrlich sein, aber unser „limbisches System" hat es verhindert. Die fragwürdige

Behauptung einiger Wissenschaftler kommt den Aufschiebern entgegen.

Welche Schritte sind erforderlich, um zielsicher zu handeln?

Drei wichtige Schritte sind erforderlich, um zu handeln, um den Sinn des Lebens zu realisieren, um ein lohnendes Ziel anzusteuern. Viele Menschen halten vom christlichen Glauben viel, aber sie handeln nicht danach.

Schritt 1
Ich muss das Ziel und die Wahrheit kennen
Wer den Sinn seines Lebens nicht kennt, wird aufschieben. Wer das Ziel seines Lebens nicht ernst nimmt, wird grübeln aber nicht handeln. Auch hier gilt: Viele kennen die christliche Wahrheit theoretisch, aber sie handeln nicht danach. Wer in Gottes Wort den Sinn seines Lebens erkennt, muss sich entscheiden. Gehe ich oder gehe ich nicht?

Schritt 2
Ich muss an das Ziel und die Wahrheit glauben
Es geht nicht um ein Kopfwissen. Ich muss der Wahrheit vertrauen. Ich muss sie für lebensfähig halten. Ich muss von ihr überzeugt sein.

ER ist der Sinn meines Lebens,

ER ist die Wahrheit,

ER ist das Ziel meines Lebens.

Wenn wir das von Herzen glauben, wenn wir uns auf IHN einlassen, werden wir auch den dritten Schritt wagen.

Schritt 3
Ich werde handeln

Ich warte nicht und grüble. Ich ruhe mich nicht auf der Wahrheit aus. Ich handele danach. Viele glauben und wollen glauben, aber sie handeln nicht. Sie gehen nicht. Sie leben den Sinn des Lebens nicht. Sie praktizieren nicht, was ER uns in seinem Wort gebietet.

Im Tun scheiden sich die Geister.

Im Tun wird offenbar, was wir zutiefst glauben.

Im Tun wird offenbar,

dass wir das Aufschieben der Entscheidung

aufgegeben haben.

In den Sprüchen steht ein hilfreiches Wort. Dort heißt es: „Wie ein Mensche denkt, so ist er." (Sprüche 23,7 in einer alternativen Übersetzung aus dem Hebräischen). Das heißt:

Wie wir über eine Sache denken,

so verhalten wir uns.

Wie wir über die Wahrheit,

über den Sinn des Lebens und die Ziele denken,

so handeln wir.

Denkanstoß 14
Die heilende Gemeinschaft
verringert das Aufschieben

Christen leben in der „Gemeinschaft der Heiligen".
Was heißt das?

In der Gemeinschaft der *Herausgerufenen,*
in der Gemeinschaft der *Beschlagnahmten,*
in der Gemeinschaft der *Gerechtfertigten,*
nicht der Sündlosen.

Menschen, die aufschieben, die oft von
Ehrgeiz, Leistungsstreben, Perfektionismus und
Arbeitssucht getrieben werden, sind an ihre Arbeit
gefesselt und meiden die Gemeinschaft, meiden
Freunde und den Kreis von Gleichgesinnten.

Sie machen sich nicht klar:
Es gibt kein Christentum ohne Gemeinschaft,
es gibt kein Christsein in der Vereinzelung,
es gibt kein Privatchristentum.

Je mehr wir diese kleinen fruchtbaren Zellen der
Gemeinschaft nutzen, desto mehr werden wir ge-
sund, desto schneller werden wir von Selbstüberforderung und maßlosem oft egoistischem Stress
geheilt.

Hier reden wir uns den Kummer von der Seele.
Hier erfahren wir Entlastung und hier fällt der
Druck von uns ab. Hier muss sich keiner beweisen.

Nicht Kampf, sondern Kooperation

Ich mache einen kleinen Exkurs, der mir am Herzen liegt. Verdeutlichen wir uns: In der Naturforschung galt bisher der Kerngedanke von Charles Darwin, „Kampf ums Überleben" sei die Grundregel der Natur. Danach geht es immer um

- Kampf und Konkurrenz,
- Egoismus und Macht des Stärkeren,
- Überlebensstrategien und Krieg.

Diese Überlebensmuster sollen angeblich Mensch und Tier beflügeln.

Jetzt geschieht in den Wissenschaften der Neurobiologie und der Neuropsychologie ein gewaltiges Umdenken. Es sind die Wissenschaften, die seit Jahren die meisten neuen Erkenntnisse verzeichnen.

Sie sagen, dass *nicht* der Kampf, sondern die *Kooperation* – sprich Gemeinschaft – das wichtigste und sinnvollste Muster des menschlichen Sozialverhaltens sei. Der Wunsch nach gelingenden Beziehungen sei das zentrale Motiv des Menschen. Wenn wir eine beliebige Zeitung aufschlagen, sieht es auf Anhieb anders aus. Kann es sein, dass die Sehnsucht nach heiler und positiver Kommunikation so groß ist, weil die Kooperation nicht klappt?

In der Ehe- und Lebensberatung, in der ich seit Jahrzehnten arbeite, erlebe ich die Sehnsucht der meisten Menschen nach heilen und befriedigenden Beziehungen. Der falsche Ehrgeiz, der negative Stress, Geltungssucht, das Anerkennungsstreben und vieles andere mehr sind die Hindernisse für eine befriedigende Gemeinschaft in der Familie und in den zwischenmenschlichen Beziehungen.

Die Gemeinschaft wird blockiert,
die Gemeinschaft wird unterlaufen,
die Gemeinschaft wird gemieden,
sie wird verantwortungslos weggeschoben.

Zentrales Motiv des Menschen: Zuwendung

Ein führender Psychiater und Neurologe, Professor Joachim Bauer, von der Uniklinik Freiburg, formuliert seine Einsichten so:

„Neuere Erkenntnisse der Neurobiologie zeichnen jedoch ein anderes Menschenbild [als der Darwinismus]: Danach ist der Mensch ein Wesen, dessen zentrale Motivation auf *Zuwendung* und gelingende menschliche Beziehungen gerichtet ist. Diese Erkenntnis wurde durch die Entdeckung der Motivationssysteme, auch Belohnungssysteme genannt, möglich. Die Struktur, die sich als Kern der Motivationssysteme herausstellte, hat ihren Sitz im Mittelhirn, also an zentraler Stelle […] Wenn das

System aktiv ist, schüttet es einen Botenstoff namens Dopamin aus. Dieser löst sowohl im Gehirn als im Körper Effekte aus, die den Wirkungen einer Dopingdroge ähnlich sind. Dopamin erzeugt ein körperliches Gefühl des Wohlbefindens und versetzt den Organismus psychisch und physisch in einen Zustand von Konzentration und Handlungsbereitschaft [...] Das Ergebnis verblüffte selbst die Fachwelt. Kern aller Motivation ist zwischenmenschliche Anerkennung, Wertschätzung, Zuwendung oder Zuneigung zu finden und zu geben." [7]

Die Forschung spiegelt etwas wider, was der lebendige Gott in den Menschen hineingelegt hat. Wir sind zur Gemeinschaft berufen. Was heißt das konkret?

Gemeinschaft, griechisch *koinonia*, beinhaltet die Teilhabe an etwas, heißt Berührung, heißt Kontakt, heißt inniges, schicksalhaftes Verbundensein.

Gemeinschaft bedeutet nicht nur: die Versammlung der Christen. Das ist zu wenig. Gemeinschaft, die eine innige Berührung mit Christus hat, ist gleichzeitig eine *heilende* Gemeinschaft.

Das behauptet auch J. Crabb, Psychologe und Theologe, in seinem Buch „Connecting" (engl. „Verbinden" als Umschreibungen für „Gemeinschaft"):

„Ich stelle mir die Gemeinde als Gruppe von Menschen vor, die sich in kleinen heilenden Gemeinschaften zusammenfinden, verbunden durch das, was sie einander zu geben haben."[8]

Die Gemeinschaft lebt von Christus und hat als Fundament sein Wort. Gute Beziehungen heilen unseren Stress, unsere Hektik, unsere Verspannungen. Im Zusammensein erleben wir Lockerheit, Frieden und den Austausch von Gedanken, die uns befreien von falschem Ehrgeiz, von belastendem Perfektionismus und dem Anspruch, dass wir uns beweisen müssen.

Alle besprochenen negativen Einstellungsmuster sorgen dafür, dass wir stärkende Familienbeziehungen, Freundschaften und den heilenden Kontakt in der Gemeinschaft abschieben und vor uns herschieben. Wer jedoch zur Gemeinschaft, zum Kontakt mit Freunden und Gleichgesinnten Ja sagt, wird von seiner Arbeitssucht befreit, empfindet Ruhepausen und Zeit zum Abschalten. Er muss sich nicht mehr selbst überfordern.

Nachwort

Um dem Aufschieben erfolgreich zu begegnen, sind im Buch viele Gedankenanstöße, Möglichkeiten und Lösungsansätze angeboten.

Weil jeder aus unterschiedlichen Gründen und Motiven aufschiebt, kann auch nicht jeder Vorschlag für den Betroffenen erfolgreich sein. Übernehmen Sie das, was Ihnen hilfreich erscheint. Probieren Sie aus, was Ihnen einleuchtet.

Aber sagen Sie nicht:

„Ich kann mir vorstellen, dass der Vorschlag XY Menschen hilft, das Aufschieben zu verringern. Man sollte die Lösungsmöglichkeit XY in die engere Wahl nehmen."

Solche unklaren Absichtserklärungen sind raffinierte Abwehrmethoden. Wir beruhigen uns, aber es passiert nichts. Wir haben Schuldgefühle, dass wir handeln sollten, aber wir besänftigen unser Gewissen damit, dass wir anerkennenswerte Reuegefühle produziert haben. Leider bleibt es dabei. Wir können den inneren und äußeren Vorwürfen entgehen, geändert hat sich nichts. Wir schieben unsere Angst und unser Unbehagen vor uns her, aber alles bleibt beim Alten.

Immer geht es ums *Tun,*
nicht um ehrenwerte Absichten.
Immer geht es ums *Handeln,*
nicht um gut gemeinte Vorsätze.

Meine Frau und ich besuchten vor Jahren in der Schweiz ein Seminar, das von einer erfolgreichen amerikanischen Familientherapeutin der Individualpsychologie geleitet wurde. Sie demonstrierte vor Zuschauern mit einer ganzen Familie – Vater, Mutter und zwei Kindern – ihre Arbeitsweise. Zunächst führte sie ein Gespräch mit den Eltern, dann mit den beiden Kindern, zum Schluss mit allen Beteiligten. In dieser Phase sollten Hilfen für ein besseres Miteinander gemeinsam ausgetauscht werden. Die Familie entwarf gute Vorschläge, die von einem Familienmitglied schriftlich festgehalten wurden. Dann fragte die Therapeutin – und das ist mir wichtig – am Schluss der Sitzung jeden einzelnen: „Werden Sie die Vorschläge, die Sie selbst formuliert haben, in die Tat umsetzen?"

„Vater, was sagen Sie?"

Er antwortete: „Ich will."

„Mutter, was sagen Sie?"

Sie antwortete: „Ich will."

„Tochter Maria, was sagen Sie?"

„Ich werde es vermutlich probieren."

Die Therapeutin schüttelte den Kopf und sagte:

„Sie haben offensichtlich noch Einwände, die wollen wir ernst nehmen und besprechen, denn wenn wir in vierzehn Tagen wieder zusammenkommen, schildern Sie mir einen Fehlstart, weil einer ernsthafte Bedenken hatte, die nicht ausgeräumt wurden. Nur wenn jeder *uneingeschränkt* will, vollzieht sich eine Veränderung."

Nehmen Sie niemals mehr als eine Lösungsmöglichkeit in Arbeit und ins Gebet. Seien Sie barmherzig mit sich, wie Gott barmherzig mit uns umgeht. Was Sie aber in Angriff nehmen, das praktizieren Sie mit ganzem Herzen. Nur so können Sie das Aufschieben verändern.

Literaturhinweise:

Teil 1
Erkenntnis 4
Was hat das Aufschieben
mit Perfektionismus zu tun?

[1]   Albert Ellis, Die rational-emotive-Therapie,
      Pfeiffer Verlag, München 1977, S. 89

Erkenntnis 7
Ist Aufschieberitis in erster Linie Faulheit?

[2]   Neil Fiore, Warum nicht gleich?
      VAK Verlags GmbH, Kirchzarten b. Freiburg
      2007, S. 36

[3]   Hoffmann/ Holzapfel,
      Neurotische Störungen und psychosomatische
      Medizin, Schattauer Verlag 2004, 7. Aufl., S. 141

Erkenntnis 8
Alles-oder-nichts-Probleme
verstärken das Aufschieben

[4]   Wolfgang Schmidbauer, Alles oder nichts,
      rororo Reinbek b. Hamburg 1990
      (19.-22. Tausend), S. 19 u. 370

[5]   Richard Rohr / Andreas Ebert,
      Das Enneagramm, Claudius Verlag,
      München 1989, S. 49, 50, 53, 54

Erkenntnis 9

Hypochondrische Befürchtungen
beflügeln das Aufschieben

[6] Möller / Laux / Deister,
Psychiatrie und Psychotherapie,
Thieme Verlag, Stuttgart 2001, S. 257

[7] Zitiert nach: C. Müller,
Die Gedanken werden handgreiflich, 1993

Erkenntnis 10

Das Leben aufschieben

[8] Zitiert nach Neil Fiore, Warum nicht gleich?,
a. a. O. S. 95

[9] Egon Fabian, Es gibt kein Leben ohne Angst,
in: Psychologie heute, März 2010, S. 12

[10] Neil Fiore, Warum nicht gleich?, a. a. O. , S. 96

Teil 2

Denkanstoß 7

Arbeiten Sie an den Motiven Ihres Helfersyndroms

[1] Wolfgang Schmidbauer, Alles oder nichts,
a. a. O.

Denkanstoß 8

Geben Sie Ihr falsches Leistungsprinzip auf

[2] Michael Titze, Die heilende Kraft des Lachens,
Kösel Verlag, München 1995, S. 162

Denkanstoß 10

Wer das Aufschieben überwinden will,
muss lernen, Nein zu sagen

[3] Neil Fiore, Warum nicht gleich, a. a. O., S. 86

[4] Samuel Pfeifer, in: Warum muss ich immer
    helfen? Nico van der Voet, R. Brockhaus Verlag,
    Wuppertal / Zürich 1995, S. 5

Denkanstoß 11

Praktizieren Sie das „Truth-Syndrom"

[5] Chris Thurman, Die Kunst es jedem recht zu
    machen, Schulte & Gerth, Asslar 1993, S. 36ff.

Denkanstoß 12

Sie können es nicht jedem recht machen!

[6] Zitiert nach: Chris Thurman, Die Kunst ...,
    a. a. O., S. 50

Denkanstoß 14

Die heilende Gemeinschaft verhindert das
Aufschieben

[7] Joachim Bauer,
    „Beziehungen: Der Motor unseres Lebens."
    In: Psychologie heute, 10/ 2006, S. 21f

[8] Lawrence J. Crabb, Connecting, Brunnen
    Verlag, Basel 2000, S. 12 ff.

Andachtsgebete für 365 Tage

Unser Gespräch mit Gott spiegelt, was uns bewegt.
Und was wir vor ihm aussprechen, beeinflusst unser
Leben. Diese einladenden Andachtsgebete lassen
Worte für die eigenen Anliegen finden. Sie regen aber
auch an, sich selbst vor Gott zu reflektieren, und geben
Impulse, Denken und Handeln mit Gottes Hilfe neu
auszurichten. Der bekannte Seelsorger schöpft aus sei-
ner langjährigen therapeutischen Erfahrung und lehrt
uns das Beten mit allem, was Menschen tief bewegt.
Lassen Sie sich einladen!

*„Wenn wir beten und aus IHM, mit IHM und in IHM
leben, fühlen wir uns in dieser hektischen Welt gelassen,
fühlen wir uns gehalten und getragen,
fühlen wir uns geborgen und geliebt."*
Reinhold Ruthe

Reinhold Ruthe: Weiter Raum für meine Seele
384 Seiten, gebunden, 14 x 21 cm, mit Lesebändchen.
ISBN: 978-3-88087-516-6

Reinhold Ruthe

geboren 1927 in Löhne, Kreis Herford. Verheiratet, eine Tochter. Studium am Seminar für Evangelische Jugendführung in Kassel. 11 Jahre Generalsekretär des CVJM in Hamburg.

Dort gründete er mit Frau Charlotte die erste deutsche Eheschule, die in Verbindung mit Ärzten, Psychologen, Biologen, Rechtsanwälten und Pfarrern junge Menschen auf die Ehe vorbereiteten. Daneben unterrichtete er das Fach Religion an einem Privatgymnasium.

Nach einer Ausbildung zum Eheberater am Berliner Zentralinstitut für Ehe- und Familienfragen und nach einer Ausbildung zum Psychotherapeuten für Kinder und Jugendliche leitete er bis zum Jahre 1990 die Ev. Familienberatungsstelle des Kirchenkreises Elberfeld. Er war 15 Jahre Dozent für Psychologie und Pädagogik an zwei staatlichen Fachschulen.

Von 1986 bis 1999 arbeitete er mit Frau und Tochter als Ausbildungsleiter des von ihnen gegründeten Magnus Felsenstein Institutes für beratende und therapeutische Seelsorge.

Er schrieb bisher über 100 Bücher über Fragen zur Sexualpädagogik, Theologie, Ehe- und Familienberatung sowie Bildbände und Andachtsbücher.